斷——斷絕不必要之物。
捨——捨棄多餘之物。
離——脫離對物質的執著。

斷捨離
人生的智慧

林郁　主編

斷捨離・人生的智慧

近年來，日本掀起一股極簡生活型態的熱潮，叫「斷捨離」。

這是一種（人與物品）減法概念的生活整理術；也就是說我們可以透過整理物品了解自己。繼而，也可以將心中的混亂雜質一併清除乾淨，之後才能享受自在的人生。

斷——斷絕不必要之物。

捨——捨棄多餘之物。

離——脫離對物質（物品）的執著。

這個名詞是來自山下英子的名作《斷捨離》。它顛覆了數百萬人的生活方式，成為最強生活整理術概念——斷捨離的一代宗師。

其實「斷捨離」不僅是用於物品整理方面，也適用於人生的整理術，包括對於親情、友情、愛情以及事業方面的多元思考……

本書即以「禪趣機鋒」的深刻對話，來洗滌您的心靈，這些療癒人心的經典小品，也是人間的哲理、也是斷捨離的人生新哲學！

引言

忙、茫、盲……大多數人的眞實寫照！

大街上人們行色匆匆，辦公室裡人們忙忙碌碌，工作檯前人們廢寢忘食。有人忙出功名成就，有人忙出事半功倍，有人忙出迷惘無助，有人在盲目地忙啊忙……

人生旅途，最累莫過於奔命，最怕莫過於茫然若失，最苦莫過於苦海無邊。故而，我們需要去學會調整、去謀劃、去經營、去感悟，用從容的心去欣賞人生路上的風景。

願這本忙裡偷閒者寫給大忙人的禪味感悟，能夠幫助每一位現代社會的大忙人，讓大家都能一次又一次地做個讓心靈放鬆的ＳＰＡ，一個讓心靈休息的驛站，一處讓心靈休整的港灣。

也許，有一顆超脫心，你會更豁達，有一顆忍辱心，你會更逢源，在人際關係上，有一顆包容心，你會更博大，有一顆修行心，你會更智慧。

CONTENTS

第2部 破除戒律——大千世界內，一個自由身

卷首語

禪，梵名禪那，是一種禪定的方法。禪宗，因主張以禪來概括佛教的全部修習而得名。自稱「傳佛心印」，以覺悟所謂眾生心性的本原（佛性、自我）為主旨。相傳其傳法世系是菩提達摩、慧可、僧璨、道信、弘忍。弘忍的弟子神秀和慧能，前者主張漸悟，後者主張頓悟，並分別在北方和南方弘法，形成「南頓」、「北漸」兩派。後來，慧能的南宗取代了北宗，成為中國禪宗的主流。所以說，慧能是禪宗的實際創始人。慧能禪宗是中國佛教中流傳時間最長、影響最大的宗派，也是中國佛教的最高成就。

禪宗的全部主張可以用《壇經》裏的四句話來概括——

不立文字，教外別傳；
直指人心，見性成佛。

我們不妨從下面這則故事，來領悟禪宗教義——

一次，有僧問趙州：「聽說您曾親見過南泉和尚，是嗎？」

南泉是趙州的老師，在這兒比喻為成佛作祖的意思。

趙州答道：「鎮州產的大蘿蔔。」

僧又問：「萬法歸一，一歸何處？」

趙州答：「老僧在青州做了一領布衫，重七斤。」

又有僧問趙州：「什麼是祖師西來意？」

趙州答：「庭前柏樹子。」

與此相同的是，有僧問洞山良价：「什麼是佛」，洞山回答：「麻三斤」。道悟問石頭禪師：「什麼是禪？」答：「磚瓦。」又問：「什麼是道？」答：「木頭。」

從表面看，趙州的回答與僧人的提問毫不相干，甚至根本不能算是回答。因為當我們提出這種問題時，總想對「成佛作祖」或「一歸何處」或「祖師之意」加以界說。但趙州禪師忽然提到了「大蘿蔔」、「布衫」、「柏樹子」，前兩者可能是趙州忽然想到的，而庭前的柏樹子則正好被他看到。當然，這些東西也可以換成別的，比如麻、磚瓦或木頭之類。但它們一定都是日常生活之物。生活中的大蘿蔔、布衫、柏樹子、磚瓦、木頭就是禪，就是道！

生活即是禪，禪不離生活。我們不能離開生活去另覓什麼禪、佛。

《心經》更是開門見山地說：「色即是空，空即是色，色不異空，空不異色。」可見，很多人都把佛教看作是消極避世的，其實這是個誤解。「遠離紅塵，遁入空門」，只是佛教的較低層次。在禪宗看來，真正的空門就是紅塵，紅塵就是空門，而不是紅塵以外另有空門。因此，在紅塵中須持一顆平常心，佛就在我們吃飯穿衣、情色男女的日常生活中。

禪宗最後提醒人們「平常心是道」，也就是要人們以平常心去悟道。如果一味地想通過求佛來悟道，那麼佛也是魔；如果想通過閱讀經書來悟道，那麼這些佛經也就是魔。它們不僅不利於我們悟道，相反，只會讓我們離道越來越遠。

所以，很多禪師悟出這一點後，他們對生活的態度極其灑脫，甚至寧可破規犯戒，也要獲得一個「自由身」。比如遇賢禪師有「酒仙」之稱，喝醉了就自編自唱：「一六二六，其事已足；一九二九，我要吃酒……只要吃些酒子，所以倒街臥路。死後卻是娑婆，不願超生淨土。何以故？西方淨土無酒酤。」西天淨土買不到酒喝，所以還要投生在現實世界中。

這就是覺悟，真正的覺悟。

第一部

學會放下

——平常心是道，執著心即魔

1 饑來吃飯，睏來即眠

有人問慧海：「和尚你修道不須用功嗎？」

慧海說：「當然用功。」

那人問：「怎麼用功呢？」

慧海答道：「饑來吃飯，睏來即眠。」

那人又問：「一切人都是這樣的，和尚你與他們有什麼不同麼？」

慧海答道：「當然不同。他們吃飯時不肯吃飯，百般挑撿；睡覺時不肯睡覺，千般計較，所以大不同啊！」

人間哲理——平常心

「要眠即眠，要坐就坐，熱即取涼，寒即向火」，「睏則睡，健則起，夏天打赤膊，冬寒須得被」（景岑禪師語）。佛祖有普渡眾生的「四弘誓願」，在禪宗看來，這太偉大、太崇高了，是缺乏「平常心」的表現。

要眠即眠，要坐即坐，佛性與現實人生完全打成一片。馬祖和慧海發揮了慧能以人心定佛性的傾向，進一步把佛變成直接面對的人，抹卻了一切造作的過程，其中意趣確非後世玩弄玄虛者可比。道如此平常，是因為一切法本出自人心自性，離此別無他們。在馬祖的禪法中，心是現實的佛，既然心本一切具足，又何必到處求仙求道呢？

2 沒有束縛，何來解脫

慧海初參馬祖。馬祖對他說：「我這裏什麼都沒有，你來求什麼佛法呢？」

慧海又問：「什麼是自家寶藏？」

馬祖道：「現在問我的就是你自家寶藏一切具足，沒有短少，使用自性在起作用，如果沒有自性，哪來這些東西呢？」

慧海大悟。

後來，有人問慧海：「什麼是解脫？」

慧海答道：「本自無縛，不用求解，直用直行。」

人間哲理——本自無縛

所謂「解脫」，在佛教義中本沒有一定的說法。用大乘空觀的遮詮方法來看，只要有所依恃就不是解脫，只要停留在某一種境界上就不是解脫，只要是通過某種方式達到的就不是解脫。解脫意味著絕對自由自在，具備一切又不依著於一切。換而言之，整個佛教的大乘教義都是在這個基礎展開的，既肯定解脫是存在的，又否定解脫是一種具體的狀態。

3 春有百花秋有月

趙州曾問南泉道：「什麼是道？」

南泉答道：「平常心是道。」

趙州進一步問：「什麼是平常心呢？」

南泉的回答是：「春有百花秋有月，夏有涼風冬有雪。若無閒事掛心頭，便是人間好時節。」

人間哲理——人間好時節

「閒事」無非是些金錢美色名利權貴之類，在南泉看來，這不是人的真實生活。禪告訴人們生活畢竟是一個平常，不要留戀，不要執著，如刀劃水，自古以來就是如此平靜、澹泊而自在地流動著。

「平常心是道」，首先要人貼近平常，置身於平常。一個被日常瑣事搓弄得憔悴不堪，被生活的平庸消磨得麻木不仁的人，他的心往往在默默地向外馳求，根本不能正視自己在生活這件事實，在禪者看來，一個拋棄生活、馳心外求的人，恰恰是最不幸的人。

4 你拿飯來，我吃

龍潭崇信出身窮苦，以賣餅過活。天皇道悟在龍潭小的時候，便知道他具有英才，就把廟旁的小屋借給他住，他爲了表示感激，每天都送十個餅給道悟。道悟收了餅，每次都剩下一個給龍潭說：「這是我給你的，希望你子孫繁盛。」

有一天，龍潭感覺到奇怪，心想：「這明明是我送給他的餅，爲什麼又送還給我，其中是否另有深意？」於是便大著膽子去問道悟。

道悟告訴他說：「是你送來的，又還給你，這有什麼不對嗎？」

龍潭聽了後，頗有所悟，便決心出家，追隨道悟。

過了一段時間，他對道悟說：「自從我來到此間，未曾聽過你爲我指示心要？」

道悟卻說：「自從你來到此間，我沒有一時一刻不爲你指示心要。」

他又問：「你指示什麼啊！」

道悟說：「你遞茶來，我接；你拿飯來，我吃；你行禮時，我點頭，處處都在指示你心要啊！」

龍潭低頭想了好一會。這時道悟又說：「要是見道的話，當下就能見道。否則，一用思考，便有了偏差。」聽了這話，龍潭才真正開悟。

人間哲理——簡單即道

心要就這麼簡單，只要順著你有自性，逍遙而遊，隨著一切外緣，率性而行；本著平常之心，而沒有聖凡之分就可以了。

5 每況愈下

趙州曾與一個侍者進行「每況愈下」的鬥法。

在鬥法前兩人約定：「鬥劣不鬥勝，勝者輸果子。」

侍者說：「請和尚立題。」

趙州說：「我是一頭驢。」

侍者接著說：「我是驢胃。」

「我是驢糞。」

「我是糞蟲。」

「在糞中做什麼？」趙州問。

「過夏天。」

「你輸了，把果子拿來吧！」趙州說道。

人間哲理——趙州打賭

蟲子屬有情，驢糞屬無情，且在糞中過夏天，這已不是「每況愈下」，而是轉劣為優，違反了事先的約定，所以趙州說侍者輸了。

禪師們就是以這樣偏激的言行，把「平常心是道」推到了事物的各個方面，推到了生活的每個角落。

6 什麼是文殊

有僧曾問景岑和尚：「什麼是文殊？」

景岑答道：「牆壁瓦礫是。」

「那什麼是觀音？」

「音聲語言是。」

「什麼是普賢？」

「眾生的心是。」

「佛又是什麼？」

「眾生的肉身是。」

人間哲理——生命實相

文殊、觀音、普賢和佛，都是一個平常，這裏凡聖平等，物我齊一。

另有些禪師的言行在怒罵聲中顯得更加怪異了，像丹霞天燃燒佛取暖，大罵「釋迦老凡夫」，像德山罵「釋迦老子是乾屎橛」，像臨濟要「逢佛殺佛，逢祖殺祖」，像雲門要「一棒打殺了與狗吃」，這些都是為了保存生命的真實，保存禪者一顆平常之心。

7 穿衣吃飯

西元九世紀後半期有一位禪師名叫睦州，有一次人家問他：「我們每天都要穿衣吃飯，如何能免除這些呢？」

這位禪師回答說：「我們穿衣吃飯。」

這位發問者便說：「我不了解你的意思。」

「如果你不了解，你就穿衣吃飯吧！」

人間哲理——沒有無限的東西

我們都是有限的，我們不能生活在時間和空間之外。我們作為這地球上的被造之物，沒有任何方法抓住無限的東西，我們怎能擺脫各種存在的限制呢？這也許是那和尚第一個問題中所表示的觀念。對於這個觀念，睦州禪師的回答是：你一定要在有限事物中尋求超渡，在有限事物之外，沒有無限的東西，如果你想尋求超越的東西，那就使你與這個相對的世界脫節，這就等於自我毀滅。你總不會希望為了超渡而賠上自己的生命吧？如果是這樣，就喝水吃飯並在吃喝之中尋找自由之道吧！

8 日用而不知

一次，玄沙師準備招待韋監軍用茶，韋監軍問他：「如何是日用而不知？」

玄沙沒有回答他的問題，只拿果子給韋吃。

韋監軍吃完果子以後，又問這個問題。
於是玄沙說：「只是我們日用而不知。」
另有一次，有個和尚跑去請他指條悟道的路。
玄沙問他：「你聽到了溪流的水聲嗎？」
這個和尚說：「聽到。」
玄沙便說：「這就是你的入處。」

人間哲理——心生與心滅

《楞伽經》中說：「心生即是種種法生，心滅即是種種法滅。」

馬祖也經常對弟子們說：人的自性本來具足了道，只要在善事惡事兩個方面都不黏滯，即是修道之人。如果取善棄惡，用心觀空禪定息念，就是造作，如果向外追求，那就離道更遠了。

9 該放手時就放手

有個叫梵志的人，他是婆羅門教的教徒。

這一天，他要趕到一個村落，爲當地的信徒舉行一場祭祀。他日夜兼程不眠不休，一路急奔，生怕錯過了卜算選好的吉日良辰。

此刻，天空突然陰暗起來，豆大的雨滴開始落了下來。無奈，梵志只好跑到一棵大樹下面避雨，心裏打算天晴之後，再繼續上路。

雨漸漸小了下來，但天色也越來越暗，借著微弱的星光，沿著崎嶇陡峭的崖壁，梵志臨淵履冰地蜿蜒前進。黑暗中，梵志突然腳下一滑，踩到一堆泥濘的爛泥堆，身體失去重心，一個踉蹌，跌入了山谷，身體像折了翅的鳥兒一般，迅速地向谷底墜去。

危難間，他急中生智，張開雙臂向黑暗的夜空亂抓。一陣忙亂的抓取，突然觸到了倒掛於岩石縫中的樹枝，梵志趕忙用胳臂順勢一勾，人就像一隻折翅的蜻蜓，懸掛在半山腰，上下不得。

梵志心想：這回可糟糕了，這麼晚的黑夜，哪裡會有人來救我呢？眞希望佛陀慈

悲，以他的神通救護我這個異教徒吧！

梵志正在轉動心念之時，突然聽到一陣安詳慈和的聲音說：「梵志！你眞的祈望我能救你嗎？」

咦！那不正是佛陀的法音嗎？梵志彷佛見到一線光明，扯開嗓子聲嘶力竭地向崖上大喊：「慈悲的佛陀！我就知道您無刹不現身，求求您趕快救我上去吧！」

「要我救你很簡單，但是你要依照我的話去做，我才救得了你呀！」佛陀聽了，語重心長地說。

「佛陀！我都到這個節骨眼上了，只要您能救我上去，我什麼事都依照您的指示。」梵志殷切地請求。

「好！那麼請你把攀住樹枝的手放下，我好救你。」佛陀平靜地說。

梵志一聽佛陀要他放下賴以維繫生命的樹根，彷佛霹靂擊頂，石破天驚地大嚷：「這怎麼可以？如果我放掉樹枝，我不就跌入深谷了嗎？說什麼我也不能放手。」

「你死抓住樹不放手，我又怎麼救你上來呢？」佛陀輕輕地鎖著眉頭。

人間哲理——學會放手

有首歌唱道：「該出手時就出手。」在人們的思維習慣中，都喜歡「出手」去獲得眼前的利益，而很少有人懂得，在必要的時候，我們應當學會「放手」——放下已經到手的利益，以獲取更大的利益。比如本故事中的梵志，抓住了樹固然暫時不會有性命之憂，但不是長久之計。要想真正得救，最後一定是要離開這棵樹的。所以，機會（佛陀）來時，梵志必須放手。

10 放下包袱趕路

有位青年背著一個大包裹千里迢迢跑來找無際大師，他說：「大師，我是那樣的孤獨、痛苦和寂寞，長途跋涉也使我疲倦到極點。我的鞋子破了，荊棘割破雙腳；手也受傷了，流血不止；嗓子因爲長久的呼喊而喑啞……爲什麼我還不能找到心中的陽光？」

大師問：「你的大包裹裏裝的什麼？」

青年說：「它對我可重要了。裏面是我每一次跌倒時的痛苦，每一次受傷後的哭泣，每一次孤寂時的煩惱……靠了它，我才能走到您這兒來。」

於是，無際大師帶青年來到河邊，他們坐船過了河。

上岸後，大師說：「你扛了船趕路吧！」

「什麼，扛了船趕路？」青年很是驚訝，「它那麼重，我扛得動嗎？」

「是的，孩子，你扛不動它。」大師微微一笑，說：「過河時，船是有用的。但過了河，我們就要放下船趕路。否則，它會變成我們的包袱。痛苦、孤獨、寂寞、災難、眼淚，這些對人生都是有用的，它能使生命得到昇華，但須臾不忘，就成了人生的包袱。放下它吧！孩子，生命不能太負重。」

青年放下包袱，繼續趕路，他發覺自己的步子輕鬆而愉悅，比以前快得多。原來，生命是可以不必那樣沉重的。

人間哲理——放下它

無際禪師的話無疑是給我們當頭一棒——如果我們能放棄那些對痛苦、孤獨、

災難等的執著，超越得失、利害、安危、生死，驀然回頭，你會發現已脫離苦海，「赤裸裸，淨灑灑，無牽掛」。這就是所謂的——「苦海無涯，回頭是岸」。

11 有捨才有得

一個小和尚去河裏挑水時，沒注意，水裏帶來一隻小蝌蚪。他正準備把這個拖著長尾的小蝌蚪放回木筲裏，捎到河水裏去時，老方丈看到了，就走過來說：「放到玻璃瓶裏養幾天吧，看牠有什麼變化，然後再放牠到河裏去不遲。」

小和尚就把小蝌蚪暫且養起來，有時還餵牠些饃饃粒，或者把牠從房間裏捧到陽光下曬曬什麼的，對小蝌蚪非常疼愛。每隔三天五天，老方丈還過來看看小蝌蚪的生長情況。大概過了半個月，小蝌蚪的長尾巴明顯地短了許多，後腹部位還長出了兩隻小腿兒。又過了十多天，小蝌蚪的尾巴更短了，嘴巴下邊也長出了兩隻小腿兒。老方丈看看快長成青蛙的小蝌蚪，又看看勤勉飼養牠的小和尚，撚鬚不語。

又過了幾天，小蝌蚪的尾巴徹底不見了，終於變成了一隻綠色的小青蛙。老方丈捧

著玻璃瓶看了又看，然後對小和尚說：「你可以放牠回歸大自然了，牠終於由小小的蝌蚪變成青蛙了，阿彌陀佛……」

小和尚又去挑水時，就把小青蛙給放了。

回來的路上，他遇到老方丈從山上下來，居然背著一捆樹枝。他非常困惑地對方丈說：「您這麼大歲數了，爲什麼還要親自上山砍柴呢？」

方丈笑笑說：「我不是去砍柴，我是去爲小樹們超度，樹木不如蝌蚪，它們的「尾巴」不會自行消失，務必讓人動手砍去才行。」

小和尚豁然開悟，一下子心頭拋卻許多煩惱，輕鬆了許多。

人間哲理——捨與得之間

捨得捨得，不捨何以得？

蝌蚪捨卻尾巴，長成了青蛙；小樹捨卻冗枝，長成參天大樹。人的一生，也無非是在「捨」與「得」之間。「捨」未必是禍，「得」也未必是福。但人們往往喜歡「得」，不喜歡「捨」。斤斤計較於一絲一毫的得失，結果喪失了很多該去「得」的東西。正如《紅樓夢》中講：機關算盡太聰明，反誤了卿卿性命！

12 買紙

有一天，盤矽禪師吩咐他的侍者赴京買一批上等的紙材。

這位侍者向來被稱許具有「子貢之資材」，是個相當聰敏伶俐的人。

侍者不敢掉以輕心，在千挑萬選之後風塵僕僕地帶了一批紙回來。

但禪師看過紙以後卻說：「這個不行！」

毫不留情地拒絕了。因此侍者只好再度赴京去買另一種紙。

「這個也不行！」禪師看了第二次買回來的紙，也只很冷淡地說道。

結果，侍者只得硬著頭皮再度赴京。

當侍者第三次將紙買回來以後，禪師依然還是冷冷地說：「不行！」

弟子心想：「眞是一點也不體諒弟子的勞苦啊！」

但弟子隨後一想，才猛然發覺自己的過失，趕緊向師父道歉。

「明白了吧！……嗯，其實最初買回來的紙就行了。」禪師如是說。

人間哲理——心中迷思

侍者想必是在紙店裏精挑細選之後才把紙買回來。但是在他的心中，免不了還存有這樣的遺憾：買了甲，說不定丙比較好呢……盤矽禪師為了破除弟子心中的迷思，所以故意板著臉說：「不行！」其實對個開悟的禪師而言，是不捨去分別紙的好壞。即使給他粗劣的草紙，他也不會感到嫌惡。問題的關鍵在於侍者的心態。

13 佛心

慧忠禪師有一次問紫磷供奉（供奉指一種僧官職稱）道：「你學佛時間也不短了，我問你『佛』到底是什麼意思？」

紫磷不假思索地回答道：「佛，就是『覺悟』的意思。」

慧忠禪師進一步問道：「佛也會迷嗎？」

紫磷肯定地答道：「不會。已經成佛，怎會迷呢？」

慧忠禪師反問道：「既然不迷，覺悟做什麼？」

紫磷供奉無語可對。

又有一次，紫磷在專心致志地批註《思益梵天所問經》。

慧忠禪師教導道：「批註經典的人必須要能領會佛心，知曉各種佛理；但僅僅這樣還不夠，同時又要懂得大衆的生活，否則就不能勝任。」

紫磷以爲禪師在批評自己，不悅地答道：「你說得很對！我就是這樣做的，否則我就不會下筆。」

慧忠禪師聽後，並不說話，只是叫侍者端來一碗清水，水中放七粒米，碗上放一雙筷子。問紫磷供奉：「那你說說這是什麼意思？」

紫磷迷茫地搖了搖頭。

慧忠禪師這才不客氣地教訓道：「你連我這個簡單的意思都不懂，怎說已經領會佛心了呢？」

人間哲理——佛法離不了生活

六祖大師云：「佛法在世間，不離世間覺，離世求菩提，猶如覓兔角。」

慧忠禪師的水米碗筷，是說佛法者不離生活，離開生活的佛法毫無用處。

紫磷供奉遠離生活批註佛經，實際上是遠離了佛心。放棄當下的生活永遠是一種過錯，即使是因為追求知識或真理。

生活為真理注入了生機與活力，拋棄了生活的真理是蒼白無力的。要修行，澈見心性，了悟情理。讀書也是如此。

14 吃完粥就洗碗

什麼是道？道就是日常生活中無時無刻不在發揮作用的東西。趙州從諗在這方面發揮得頗爲不俗。有僧人問：「學生初入叢林，請老師指點。」

趙州淡淡地問：「吃粥了嗎？」

僧人答道：「吃過了。」

禪師接著說：「洗缽盂去吧！」

那僧人忽然領悟了。

人間哲理——勿執外相

在禪法中，人人都是神通妙用具足的佛，只要處處自在即是道。即心即佛，心佛不二，迷惑就是眾生，眾生解脫就是佛，現實的人生才是佛的妙用。整天想成佛作祖卻是障佛的因緣，執著外相只能離佛、道越來越遠。

15 不病的體

洞山臨終前，有個和尚問他：「師父有病時，是否還有不病的體呢？」

洞山回答：「有。」

對方又問：「不病的體，是否看得見師父呢？」

洞山回答：「是我在看他。」

對方又問：「不知師父怎樣看他？」

洞山回答：「當我看時，看不到有病。」

人間哲理——我看不到有病

把不病看作真我，正是禪的方法。只有化身會生病，法身卻是永遠健康、圓滿，不生不死。

16 鎮州盛產大蘿蔔

南泉普願禪師的禪風聞名遐邇，但弟子趙州卻青出於藍，更甚於藍。

有一個學僧問趙州禪師：「聽說您是南泉普願禪師的眞傳弟子，他傳了什麼禪法給您嗎？」

趙州禪師回答：「鎮州盛產大蘿蔔。」

又有一次，另一學僧請示趙州禪師：「老師！有修行的人像什麼樣子呢？」

趙州禪師回答：「我正在認眞地修行。」

學僧問：「怎麼？連老師也要修行嗎？」

趙州禪師回答：「我要穿衣也要吃飯呀！」

學僧問：「這是日常瑣碎事情，我要知道的是什麼叫修行？」

趙州禪師反問：「那你以爲我每天都在做什麼呢？」

人間哲理——趙州修行

禪，不一定非要改變外面的環境，鎮州盛產大蘿蔔，就讓他鎮州盛產大蘿蔔。禪，要緊的是改變內部的自己，既然要改變自己，你何必管他傳法不傳法。正如穿衣吃飯就是趙州禪師的修行，如果認為這是瑣碎的事情，就會失去平常心。

17 吃茶去

趙州禪師問新來的僧人：「從前到過這裏嗎？」

僧人回答：「到過。」

趙州說：「吃茶去。」

又問另一僧人，僧人說：「不曾到過。」

趙州吩咐：「吃茶去。」

事後院主問道：「爲什麼到過也說吃茶去，不曾到過也說吃茶去？」

禪師叫：「院主！」

院主應答，禪師說：「吃茶去。」

人間哲理——擺脫拘束

道就在一舉一動的平常心之中，如果刻意思考就是束縛。趙州的「吃茶去」如行雲流水一般，令我們茅塞頓開。

按照禪宗的說法，有所追求就是妄心。甚至連佛也不要求，道也不要求，因為人如果去求的話，本身也就違背了佛家之道的意旨，越求也就離佛道越遠，這就叫「求佛失佛，求道失道」（義玄禪師語）。

既無心，又無求，當然也就無事可做了。

18 趙州與尼姑

有一尼姑問趙州：「如何是佛法密意？」

趙州禪師用手掐了她一把。

尼姑怒道：「和尚你還有這個！」

禪師說：「卻是你有這個在。」

人間哲理——俗性仍在

趙州已了色相之心，卻故意考驗尼姑，而尼姑以己之心，度人之心，正是未了色相，顯然，要證悟「佛法密意」還差得很遠。

19 天堂和地獄

有一個信徒向無德禪師訴說道：「禪師！我已經習禪多年了，仍然遲遲不能開悟。佛書經典上說地獄與天堂是真實存在的，我就是不懂，也不信。除了我們生活的人間，哪裡還有什麼天堂地獄呢？」

無德禪師並不答話，只叫信徒去河邊提一桶水來。信徒依言而行，把水提來放在禪師面前。

無德禪師告訴信徒：「你去看看水桶裏面，也許能夠發現地獄和天堂。」

信徒一聽覺得非常奇怪，湊近水桶聚精會神地看。

無德禪師突然從後面將他的頭壓到水裏面去，信徒痛苦地掙扎著，都快要喘不過氣來的時候，禪師才鬆開手。

信徒大口喘息著，氣急敗壞地責罵禪師：「你安的什麼心？你不知道壓在水桶裏不能呼吸的滋味嗎？簡直像在地獄一樣！」

禪師微笑著點點頭，平和地說：「現在你不是沒事了嘛，感覺如何？」

「太好了！呼吸自由，感覺好像天堂一樣！」

禪師莊嚴地教示道：「只是一眨眼的工夫，你就從地獄來到了天堂，爲什麼你還不相信天堂和地獄的存在呢？」

人間哲理——佛界與魔界

現實世界中當然不存在什麼「天堂」，也不存在什麼「地獄」，小和尚為什麼又能一會兒上天堂，一會兒下地獄呢？當然是心情所致。看來，天堂地獄就如佛界和魔界一樣，不在身外，恰恰就在我們心中。只要我們放開胸懷，保持一顆平常心，我們豈不永遠生活在天堂裏？

20 雲無人種生何處

有人問什麼是天童境，天童禪師回答：「雲無人種生何處，水有誰教去不回。」

唐肅宗問慧忠禪師：「師得何法？」

禪師反問他：「見空中一片雲不？」

皇帝說見到了。

禪師又問：「這片雲是用釘子釘著的，還是懸掛著的？」

人間哲理——雲水禪機

天童和慧忠的意思是說，佛法猶如空中一片雲，自然地生成，而又自然地飄浮在空中，沒有一絲人為的因素。水也一樣，順著河流自然流逝，一去不復返……這些都是萬物的自然法則。禪宗要我們盡可能地使自己的身心融入自然。正如著名的永明妙旨：「欲識永明旨，門前一湖水，日照光明生，風來波浪起。」

21 不如拋卻去尋春

以正統儒家自居的宋代道學家朱熹和陸九淵深受禪學影響。朱熹曾經做了一首七言絕句，詩云——

川原紅綠一時新，暮雨朝晴更可人。
書冊埋頭何日了，不如拋卻去尋春。

在鵝湖之會上與朱熹爭得不可開交的陸九淵知道了，興奮地對他人說：「朱熹終於覺悟了！」

人間哲理——朱熹的覺悟

整天埋頭於儒學經典的朱熹深受禪宗影響，終於開悟，要拋卻書冊去尋春。觀照自然正是一種隨順自然的灑脫自在的生活。所以，當李翱問什麼是道時，惟儼禪師就答「雲在青天水在瓶」；大善禪師回答什麼是佛法大意時就說是「春日雞鳴，中秋犬吠」；當有人問什麼是佛時，慧海禪師就說是「深潭月影，任意撮摩」；當有人問什麼是和尚家風時，遇安禪師就說是「青山綠水，處處分明」；當有人問悟入門徑時，師備禪師就說是「偃溪水聲」。

22 人間好時節

在中秋節，景岑禪師同仰山禪師一起賞月，仰山禪師指著天空說：「這個大家都有，只因無明，不能充分使用。」

景岑禪師不以爲然地說：「既然大家都有，怎麼會沒有人充分使用？恰巧今天機緣會合，這大好明月，正在等你使用，試試看！」

仰山禪師說：「那是很有趣味的，用一用月光，請法座先試試看吧！」

景岑禪師毫不客氣，奮身跳起來，踢倒仰山禪師。仰山禪師非但不生氣，反而讚歎：「眞像大蟲！」（後來大家都稱景岑禪師爲「岑大蟲」，也就是「虎和尚」）

還有一次，景岑禪師遊山歸來，到門口時，遇到了仰山。仰山禪師問：「禪師從什麼地方回來啊？」

景岑禪師回答：「遊山回來！」

仰山禪師仍然追問：「遊什麼山啊？」

景岑禪師說：「始隨芳草去，又逐落花回。」

仰山禪師十分讚賞：「大似春意！」

景岑禪師說：「也勝秋露滴芙蕖（荷葉）。」

人間哲理——用一片月光

據《五燈會元》記載，衛州有一位在家信佛的居士王大夫，在悟得禪法後離群索居，到深山中縛茅自處，有歌云：「散發采薇歌又笑，從教人道野夫狂。」禪僧們熱愛自然，享受自然，在明媚的春光裏，禪僧們聚會在一起，「大家顛倒舞春風，驚落杏花飛亂紅」，煞是快活。

23 香山居士白樂天

禪宗人物傳記《五燈會元》是一部十分嚴謹的著作，其收錄人物的標準近乎於苛刻。白居易能以一位得法居士的身分位列其中，與那些超佛越祖的大宗師們同列等儕，並駕齊驅，足見其非同尋常。

白居易（西元七七二～八四六年），貞元進士，字樂天，法號香山居士。那時，佛光如滿禪師從五臺山金閣寺來到了京城。白居易正式拜他爲師，勤勉參禪。佛光如滿禪師是馬祖道一的高足，禪行深不可測。

據說，正是他的一番話語，使得唐順宗決心讓出了皇位。西元八〇五年，唐王朝的「豬皇帝」之一、唐德宗李適一命嗚呼，體弱多病的太子李誦登基，是爲唐順宗。李誦曾向佛光如滿禪師請教了一些佛的來與去、生與滅、看破與放下等問題。如滿禪師的回答，令順宗十分滿意。此後不久，僅僅做了六個月皇帝的李誦，便決心不再受這份苦差事的折磨，將皇位讓給了年富力強的太子李純。

白居易在名師的指導下，對禪的領悟突飛猛進。唐憲宗四年，馬祖的另一高足——

惟寬禪師被皇帝請到京城，住持皇家寺院興善寺。白居易如何肯放過這參禪問道的好機會？這位師叔教導他：「禪心空靈，無論垢與淨，一切都不要思量。」

白居易大惑不解了，皺著眉頭追問道：「污垢的東西自然不能思量，爲什麼連清淨的念頭也不能有呢？」

興善惟寬禪師說：「金屑是不是很珍貴？將它放在你眼裏如何？」

白居易一聽，豁然省悟。

十年之後，白居易出任杭州太守。他聽說，郊外秦望山上有一位禪道高明的鳥巢禪師。於是，他向鳥巢禪師請教：「什麼是最深奧的佛法？」

鳥巢禪師說：「諸惡莫做，衆善奉行。」

白居易不屑地一撇嘴：「這種淺顯的道理，連三歲小兒都能說得上來！」

鳥巢說：「三歲小兒雖道得，八十老人行不得！」

宛若一聲霹靂在白居易頭頂炸響，驚得他冷汗如雨。是啊，佛法本來就是人人都明白的常理，關鍵是要身體力行。從此，他一改文人說口頭禪的毛病，下工夫實際參究，眞正契入了美妙的禪機。他的悟性絕高，比如《長恨歌》中那些想像力極爲豐富的章句，並非憑空杜撰，而是禪修過程的眞實境界！

有一天，白居易信步走入深山之中一座小小的寺院圍溝寺，單單從這個名字，便知

是一座普普通通的、司空見慣的荒野村廟。然而，就是在這平凡的小廟裏，卻有著不平凡的人與物：住持老僧深通禪理，言談話語，機鋒凜冽，舉手投足，禪意宛然；庭院中還有一株古老的松樹，蒼翠如鐵鑄，盤曲若虯龍。庭院的牆壁上，密密麻麻分佈歷代文人雅士的詠誦古松的題詩。

白居易凝視著老松，又看了看寫滿新舊墨蹟的牆壁，嘴角泛起了淡淡的微笑。住持禪師法眼如炬，說道：「香山居士想必有所感吧，不妨吟出來聽聽。」

白居易輕輕吟誦道——

煙葉蔥蘢蒼塵尾，霜皮駁落紫龍鱗。
欲知松老看塵壁，死卻題詩幾許多。
天地尚空秦日月，山河不見漢君臣。
蒼松依舊傲風霜，何處尋覓題詩人？

晚年，白居易傾自己所有資財，重修了洛陽香山寺。他之所以號「香山居士」，就是這個原因。自然而然，香山寺住持凝公禪師是他的知音道友。

一個春意融融的日子，白居易又一次來到香山寺。快要走到凝公的方丈前時，一陣微風吹過，飄來淡淡的花香。抬眼望，佛殿前的花壇裏萬紫嫣紅，一片錦繡。

由此，他吟出了一首別具一格的《僧院花》——

欲悟色空為佛事，故栽芳樹在僧家。
細看便知華嚴偈，方便花開智慧花。

這首意趣盎然的禪詩，可以說深得「花道三昧」：禪僧在寺院裏種花，是為了讓人欣賞花朵美麗的同時，從中感悟——「色即是空，空即是色，色不異空，空不異色」的禪機；花壇裏花開花落，而它顯示的眞如妙理，可以催開你永不凋謝的智慧之花。

白居易長年堅持在夜間打坐靜修。一天深夜，他在坐禪之後照例經行，不知不覺穿過周圍的人家，走到了鎮子之外，眼前一片安謐恬靜的自然景色——

霜草蒼蒼蟲切切，村南村北行人絕。
獨出門前望野田，月明蕎麥花似雪。

人間哲理——白居易習禪

白居易在禪宗方面有如此高深的修為，確屬不易，這一方面是得益於他遇到了不少的「高人」；另一方面，也是更主要的是他的悟性極高。因此，在禪的精神世界裏，白居易得到了甘露一般的禪悅，找到了永不凋謝的春光：「人間四月芳菲盡，山寺桃花始盛開。長恨春歸無覓處，不知轉入此中來。」白居易的詩情與他的禪意渾然一體。

24 雪竇不做送信人

雪竇寺在浙江寧波四明山中，歷代出高僧，而這些高僧也多以雪竇作爲自己的名號，但下面這個禪宗公案中的雪竇禪師是指正脈的雪竇重顯禪師。

雪竇大師慈悲心切、誨人不倦地傳播著佛法眞諦，讓人澈悟人生的本來意義，在禪林中獨樹一幟，標新立異。天下的學人士子，衲子奇僧，無不爭相趨鶩，切磋印證。

大師住到雪竇寺後，莊嚴佛土，氣象一新，成爲禪林雲門宗法的新祖庭。這一時期，其他禪宗派系都顯得衰落，惟有雲門一枝獨盛，所以天下稱爲「雲門中興」。

當初，雪竇禪師在淮水旁遇到太守曾會。曾會問他去哪裡？他說，也許往錢塘，也許往天臺。

曾會就建議道：「靈隱寺的住持珊禪師跟我很好，我寫封介紹信給您帶去，他定會好好地待你。」

可是雪竇禪師到了靈隱寺時，並沒有把介紹信拿出來求見住持，一直在大眾中過了三年。曾會於三年後奉令出使浙江時，便到靈隱寺去找雪竇禪師，但寺僧卻沒有人知道有這麼一個人。

曾會不信，便自己去僧房內尋找，在一千多位僧眾中找來找去，才找到雪竇，便問道：「爲什麼您不去見住持而隱藏在這裏？是不是我爲你寫的介紹信丟了？」

雪竇：「不敢，不敢，因我是一個雪水僧，一無所求，所以不做你的送信人呀！」

他隨即從袖裏拿出原封不動的介紹信交還給曾會，雙方哈哈大笑。

人間哲理——走自己的路

在現實生活中，我們總是千方百計尋門路，找關係，而雪竇禪師不當送信人的故事著實使我們汗顏：原來我們當了一輩子的送信人！而自己真正想幹什麼，或本來的自己是怎麼樣的？我們卻一無所知。

25 不生氣

金代禪師非常喜愛蘭花，在寺旁的庭院裏栽植數百盆各色品種的蘭花，講經說法之餘，總是全心的照料，大家都說，蘭花好像是金代禪師的生命。

一天，金代禪師因事外出，有一個弟子接受師父的指示，爲蘭花澆水，但不小心將蘭架絆倒，整架的盆蘭都給打翻，心想：師父回來，看到心愛的盆蘭這番景象，不知要憤怒到什麼程度。

於是，就和其他的師兄弟商量，等禪師回來後，勇於認錯，且甘願接受任何處罰。

金代禪師回來後，看到這件事，一點也不生氣，反而心平氣和地安慰弟子道：「我之所以喜愛蘭花，爲的是要用香花供佛，並且也可以美化禪院環境，並不是爲了生氣才種的啊！凡是世界的一切都是無常的，不要執著於心愛的事物而難割捨，因那不是禪者的行徑！」

弟子聽了之後，放下一顆忐忑的心，更精進於修持。

人間哲理——學會割捨

人生在世，最難做到的就是放下，自己喜愛的固然放不下，自己不喜愛的也放不下。因此愛憎之念，盤占住我們的心房，哪裡還能有快樂啊？如果對心愛的東西，能夠割捨；對違逆能夠接受，進而做到無愛無憎，這樣也就做到身心灑脫了。

26 買土地的農民

有人問定遠禪師：「世上什麼最可怕？」

禪師答：「欲望。」隨之給他講了一個故事——

一個農民想要一塊田地，一個地主告訴他，只要交上十塊錢，在一天（從日出到日落）內用步子所圈出的地全都歸買主，但最終必須回到起點。

不難預測，那個農民將會以一日的辛苦來換取最寬廣的土地。於是，第二天太陽一露出地平線，他就出發了，一路向前疾走，一分鐘也沒有停下。在回頭已經看不見出發點的地方，才想到拐彎。

不知不覺間，太陽快要下山了，但他已經離起點很遠了，不得不走斜路向起點趕去。可太陽馬上就要落到地平線下面了，由於他的力氣已經耗盡，在離起點兩步遠的地方，終於倒下了，再也沒有起來。不過，他倒下的時候雙手剛好觸到了起點的那條線，於是他也就用自己的生命換來了那片「寬廣」的土地。

人間哲理——不足之人

人心不足蛇吞象。這位貪心的農民只想盡可能多地得到土地，結果白白葬送了自己的生命。今天，雖然不可能會有像這位農民一樣的故事發生，但土地的暴利，依然會把無數「圈地」的貪官和房地產商送進監獄，甚至送上斷頭臺。這就是欲望的可怕。

27 退步原來是向前

一位學僧齋飯之餘無事可做，便在禪院裏的石桌上作起畫來。畫中龍爭虎鬥，好不威風。只見龍在雲端盤旋將下，虎踞山頭作勢欲撲。但學僧描來抹去幾番修改，卻仍是氣勢有餘而動感不足。

正好無德禪師從外面回來，見到學僧執筆前思後想，最後還是舉棋不定，幾個弟子圍在旁邊指指點點，於是就走上前去觀看。學僧看到無德禪師前來，於是就請禪師加以點評。

禪師看後說道：「龍和虎外型不錯，但其秉性表現不足。要知道，龍在攻擊之前，頭向後退縮；虎要上前撲時，頭必向下壓，龍頭向後曲度愈大，也就能衝得越快；虎頭靠近地面越近，也就能跳得更高。」

學僧聽後非常佩服禪師的見解。於是說道：「老師眞是慧眼獨具，我不僅把龍頭畫得太靠前，虎頭也抬得太高，怪不得總覺得動感不足。」

人間哲理——以退為進

禪門有云：

手把青秧插滿田，低頭便見水中天；身心清淨方為道，退步原來是向前。

無德禪師教弟子畫「龍虎鬥」，實際也是在開示我們：為人處世，亦如參禪的道理。退卻一步，才能衝得更遠；謙卑反省，才會爬得更高。

28 毫釐有差，天地懸隔

禪宗法眼宗的創立者法眼文益，在西元十世紀初期，享有盛名。

一天，他問一個弟子說：「你對所謂『毫釐有差，天地懸隔』做何解釋？」

這位弟子回答說：「毫釐有差，天地懸隔。」

但是法眼告訴他這種回答不對。

這位弟子便說：「我無法做別的回答，你的解釋如何呢？」

法眼禪師立刻回答說：「毫釐有差，天地懸隔。」

還有一天，法眼升壇時，一個和尚問他：「什麼是曹溪一滴？」

法眼回答說：「曹溪一滴。」

和尚站在那裏發呆。而在這和尚旁邊的德韶，他第一次張開了他的法眼悟到了禪的內在意義，而蘊藏在他內心的疑惑，現在完全解開了。從此以後，他完全變成了另外一個人。

人間哲理——法眼文益說法

法眼的意思是說當我們開始說到差別時，便立刻無可避免地建立二元對立，因而陷入理智主義的謬誤中。我們在水中——這是事實，禪會告訴我們讓我們仍舊停留在水中，因為當我們一旦開始討水喝，便將自己和水置於一種外在關係之中，而一向屬於我們的東西，將從我們身上拿走了。

29 平常心是道

一個和尚問長沙景嶺禪師說：「所謂平常心是道的意義是什麼？」

景禪師回答說：「想睡就睡，想坐就坐。」

和尚說：「我不懂你的意思。」

景禪師回答說：「夏天，找陰涼地方；冬天，坐在火爐邊。」

人間哲理——生活就是道

我們本來就活在道中，根本不能與道相離。玄沙師備說：「我們好像是全身沒入大海裏，卻伸手向人討水喝！」所以，當一個和尚問他：「什麼是自我？」時，他立刻回答說：「你用自我做什麼？」自我和道本來就是一體。

30 道在何處？

有個和尚問興善惟寬禪師：「道在何處？」

惟寬回答說：「只在目前。」

和尚問：「我爲何不見？」

惟寬說：「因爲你有『我』的緣故，所以不見。」

和尚問：「我有『我』的緣故，所以不見，和尚見到了嗎？」

惟寬說：「有你有我，反覆輾轉，所以不見道。」

和尚問：「如果無我無你，能見道嗎？」

惟寬回答說：「如果無我無你，誰求見道呢？」

人間哲理——道心

道在心中，道在你我。道與你我根本不分，所以我不能見，你也不能見。

31 大千世界一禪床

有一次，蘇東坡聽說了趙州禪師迎接趙王的故事，心血來潮，也要去拜訪佛印和尚，並且事先寫信給他，囑咐他要像趙州禪師迎接趙王一樣，不必出來迎接。

蘇東坡自以爲了解禪的妙趣，佛印會以最上乘的禮儀——不接而接，來接他。

出乎意料的是，蘇東坡還在船上，就遠遠地看到佛印和尚已經帶領弟子在岸邊迎接了。蘇東坡終於抓住取笑佛印的機會，說道：「你的道行沒有趙州禪師灑脫，我叫你不要來接我，你卻免不了俗套，跑了大老遠的路來迎接我。」

蘇東坡以爲這次搬出了趙州禪師，佛印必居下風。

佛印哈哈一笑，回答了一首偈子——

趙州當日少謙光，不出山門迎趙王。
怎似金心無量褶，大千世界一禪床。

意思是說：趙州不起床接見趙王，那是因爲趙州不謙虛，而不是境界高；而我佛印

出門來迎接你，你以爲我眞的起床了嗎？雖然你看到我起床出來迎接你，事實上，大千世界都是我的禪床，我仍然躺在大千禪床上睡覺呢！你蘇東坡所知道的只是肉眼所見的有形的床，而我佛印的床是盡虛空、遍法界的大床啊！

蘇東坡這次又沒有占到便宜，只好快快地回去了。

人間哲理——佛印的道行

佛印眼前無床，心中有床，而且是一張「盡虛空、遍法界」的無形大床，而蘇東坡卻執著於肉眼所見的有形之床。其實，世間本無床，正如六祖所言「本來無一物」，一切皆由心造而已！

人倘能達到如此境界，也就能灑脫、超越，擺脫一切束縛了。

32 一堆牛糞

有一天，蘇東坡和佛印在一起打坐。蘇東坡自認爲修行得不錯了，就問佛印和尚說：「禪師，您看我坐在這裏像什麼？」

佛印稱讚他說：「居士現在的樣子就像是一尊佛。」

蘇東坡聽了心裏很得意。

佛印這時反過來問他：「您看我坐在這裏像什麼？」

蘇東坡生性幽默、詼諧，故意打趣他：「我覺得您的樣子就像一堆牛糞！」

佛印聽了一點兒也不生氣，照樣是笑嘻嘻的。

回到家以後，自以爲占到便宜的蘇東坡得意揚揚地跟家人講了這事兒。蘇小妹聽後笑話哥哥說：「哥哥，你還得意呢！你輸給和尚了！」

蘇東坡說：「我怎麼會輸呢？」

蘇小妹就說：「因爲佛印和尚心中有佛，所以世間萬物在他看來都是佛；而你沒有修行到家，內心骯髒，所看到的只是牛糞。」

蘇東坡聽後，懊悔不迭，自己的境界是差得很遠啊！

人間哲理——心中有佛

眼為心窗，言由心生。佛印心中有佛，於是看到的都是佛；而蘇東坡內心受塵世污染，因此看到的也是骯髒的牛糞。蘇東坡離佛的境界確實還差得很遠啊！

33 有與無

道樹禪師在道士的「道觀」旁邊建了一所寺院。道士難以容忍這個佛寺，總想著要除去這個眼中釘。他每天變一些妖魔鬼怪擾亂寺裏的僧衆：呼風喚雨，讓電閃雷鳴；讓夜晚不再來；讓白天的時候天上掛著繁星。果然，不少年輕的和尚都被嚇走了。

可是，道樹禪師卻不爲所動，一直堅持在那裏住了十多年。最後，道士黔驢技窮，只好沮喪地去別處尋找安身之地了。

有人問道樹禪師：「道士的法術那麼高強，你是怎麼戰勝他們的呢？難道你有比他們更強的法術嗎？」

道樹禪師說：「他們的法術是很強，我沒有什麼能勝他的，我也沒有什麼能勝過他的法術，只有『無』字能讓我戰勝他們。」

那個人又問：「人都說佛法無邊，『無』眞的有那麼厲害嗎？」

道樹禪師說：「他雖有法術，但有就必定有盡頭，有盡頭就有量，有量就有邊；我沒有任何法術，無就是無限，無限則無盡，無盡則無量，無量則無邊；我以不變應萬變，不變當然會勝過有變了。」

人間哲理——何謂『無限』

只要是存在，即「有」，自然會有限。道士有法術，法術終有萬變，但總有用盡的時候。而道樹以不變應萬變，當萬變用盡之時，也就是道士的失敗之日。以有限入無限，以萬變對不變，從一開始就決定了兩人的勝負。

34 不見不聞

道樹是神秀的門徒，他和幾位學生曾住在山上。

那裏常出現一個怪人，穿得破爛，講起話來卻非常粗野和誇大，並且能隨意化作佛菩薩、羅漢等形象。道樹的學生都非常驚恐，不知這個術士究意是誰？究竟會搞些什麼花樣？

這個怪人一直在那裏作祟了十年，有一天終於消失了，不再出現。

道樹對他的學生說：「這個術士爲了欺騙人心，施出千方百計。但我應付他的方法，只是不見不聞。儘管他的詭計層出不窮，但總有用完的一天，而我的不見不聞卻沒有終了。」

有一位和尚聽了說：「說不到處用天盡。」

人間哲理——何謂『有限』

道樹的這種方法是運用了老子的一個「無」字，以「無」制「有」。因為這個「有」不論如何廣博，如何堅固，總有個邊際，總有個竭處。而這個「無」卻是至大無外，至小無內，解黏去執，為用無窮。所以老子主無為，禪宗倡無心。

35 老僧何似驢

光湧禪師從外地傳法回來，去拜訪他的老師仰山禪師。

一進大殿，仰山就問他：「你回來做什麼？」

光湧莊嚴地雙手合十，施禮拜見老師，恭敬地說道：「來拜見老師，感謝老師以往的教導。」

仰山禪師用手指了指自己，問道：「你看得見我，還是看不見我？」

光湧肯定地答道：「看得見！」

仰山禪師非常嚴肅地再問道：「我長得像驢嗎？」

光湧毫不猶豫，直言相告：「您長得也不像佛！」

仰山禪師再用一指指著自己，追問道：「那你說我到底像什麼？」

光湧不以爲然地答道：「如果非要說像什麼，像驢又有什麼關係呢？萬物原是沒有分別的。」

仰山禪師聽了弟子的回答，哈哈大笑，滿意地讚歎道：「你這句話我足足等了十年。多年以來，我一直用這句話考驗別人，沒有一個人能澈悟了的。你已經達到了凡聖爲一的境界，不從分別上去認識世間，不從分別上去體悟世間，眞是太好了，一定要好好保持這種境界！」

人間哲理——禪的境界

之前有一則故事中，蘇東坡說佛印像牛糞，說明境界還很低；那麼說像佛呢？境界也不是最高，因為心中還有執著，即執著於成佛。如果一個人認為自己「像驢也沒什麼」，那他就是在很大程度上去掉分別心了，只有這樣才能見自身和周圍萬物融合在一起，天人合一，其智慧和人生境界都會達到較高的層次。

36 正與邪

有一個道士考問大珠慧海禪師：「世間有沒有超過『自然』的法呢？」

禪師肯定地回答：「有。」

道士追問道：「那是什麼法？」

禪師安詳地答道：「能夠知曉自然的人。」

道士又不甘心地問道：「元氣是『道』嗎？」

禪師：「不是。」

道士：「照你這麼說，元氣和道是兩個不同的事物。」

禪師：「不是。」

道士又問：「什麼是正，什麼是邪？」

禪師：「心一味地追逐外物爲邪，外物跟隨心爲正。」

人間哲理——道的本領

萬物為一，沒有分別。元氣和道都是同一個東西。那麼，慧海為什麼又說「元氣是元氣，道是道」呢？慧海的意思僅僅是指元氣和道在稱呼上的不同而已，其本質都是一樣的。

心逐外物，人會失去自主，為物所左右，自然為邪；心外無物，擺脫了物的羈絆，我們的心也就自由了，自然為正。

37 百年一場夢

有一天，李端願太尉問曇穎禪師：「禪師！請問人們常說的地獄，到底是有還是沒有呢？」

曇穎禪師回答說：「無中說有，如同眼見幻境，似有還無；太尉現在從有中覓無，

實在好笑。如果人眼前看到地獄，爲什麼心裏看不見天堂呢？天堂與地獄都在一念之間。太尉內心平靜無憂慮，自然就沒有疑惑了。」

太尉發問：「那麼，內心如何無憂慮呢？」

曇穎禪師回答：「善惡都不思量。」

太尉又問：「不思量後，那心歸何處呢？」

曇穎禪師說：「心無所歸。」

太尉再問：「人如果死了，歸到哪裡呢？」

曇穎禪師問：「不知道生，怎麼知道死啊？」

太尉說：「可是生我早已經知曉了的。」

曇穎禪師又問：「那麼，你說說生從何來？」

太尉正沉思時，曇穎禪師用手直搗其胸，說：「只在這裏思量個什麼啊？」

太尉說：「是啊，只知道人生漫長，卻沒有發現歲月蹉跎。」

曇穎禪師說：「百年如同一場夢。」

人間哲理——心無所歸

浮生若夢，一切虛幻，本來就無所謂去和來。人的身體，不過是組成世界的地、水、火、風四大元素，由於一定的機緣而暫時地湊合在一起而已，不可錯認為屬於自己所有，而是屬於宇宙。大丈夫磊磊落落，能夠自我把握，率性而行，……去和留都自由自在。至於死亡，乃是既往的各位佛聖所開的使人獲得大解脫的涅槃之門，復歸那本來清淨空寂的境界，體現著無為的大道，因而值得讚歎慶賀。

38 痛並快樂著

曇照禪師每日與信徒開示，都離不開：「快樂呀！快樂呀！人生好快樂呀！」可是有一次他害病了，在生病中不時叫說：「痛苦呀！痛苦呀！好痛苦呀！」住持和尚聽到了，就來責備他：「喂！一個出家人有病，老是喊苦呀，苦呀，不好看呀！」

曇照禪師說：「健康快樂，生病痛苦，這是當然的事，爲什麼不能叫苦呢？」

住持和尚說：「記得當初你有一次，掉進水裏，快要淹死時，你面不改色，那種無畏的樣子，視死如歸，你那時的豪情如今何在？你平時都講快樂快樂，爲什麼到病的時候，要講痛苦痛苦呢？」

曇照禪師對住持和尚說：「你來，你來，你到我床前來！」

住持到了他的床邊，曇照禪師輕輕地問道：「住持大和尚，你剛才說我以前講快樂呀，快樂呀，現在都是說痛苦呀，痛苦呀，請你告訴我，究竟是講快樂對呢？還是講痛苦對呢？」

人間哲理——苦與樂

人生有苦樂的兩面，太苦了，當然要提起內心的快樂；太樂了，也應該明白人生苦的真相。沒有痛苦就沒有快樂，反過來也一樣，沒有快樂就沒有痛苦。苦樂雙方必須是經過比較、體驗才能得出。不經過快樂的體驗，怎麼能知道是痛苦？同樣，沒經過痛苦的體驗，又怎能知道是快樂？生活中的苦與樂，都是正常的味道，

也只有這些味道使得生活有滋有味。

39 鹽醬是生活

馬祖禪師的弟子百丈禪師住在大雄山時，馬祖派侍者送了三罈醬給他。當百丈禪師收到三罈醬後，立刻鳴鐘集眾上堂，拿拄杖指著罈醬對大眾說：「這是老師送來的鹽醬，你們如果有人說出禪理即不打破，如全體都不能說出就打破！」

學僧們面面相覷，沒人回答。

百丈禪師「砰」的一聲，便用拄杖把三罈醬缸都打破了。

侍者從大雄山回到馬祖禪師那裏，馬祖禪師便問：「你把醬送到了嗎？」

侍者回答：「送到了。」

馬祖禪師再問：「百丈收到我的鹽醬以後，有什麼表示？說了些什麼？」

侍者回答：「百丈禪師收到鹽醬後，就集合大眾上堂，因沒有人說出禪理，就用拄杖子把醬缸都打破了。」

馬祖聽了之後，哈哈大笑，非常高興地讚美：「這小子不錯。」

人間哲理——百丈打破醬缸

禪師們彼此來往，也有世俗人情的一面，但他們都另有一番含意：鹽醬是生活中不可缺的食用東西。馬祖將鹽醬送給百丈禪師，意即要他照顧生活中的禪道，不可離開了生活而去盲修瞎練。百丈禪師打破了醬罏，意即我們的禪道，什麼都不缺，就不用老師煩心了。

40 水東流，日西去

有一位學僧在庵側旁看見一隻烏龜，就向大隨禪師請示：「衆生都是皮裹骨，爲什麼烏龜卻是骨裹皮呢？」

大隨禪師聽了之後，並不回答，只是把自己的草鞋脫下，覆蓋在烏龜背上。

守端禪師曾爲大隨的舉止，做了一首偈頌，偈頌說：

「分明皮上骨團團，卦畫重重更可觀，拈起草鞋都蓋了，這僧卻被大隨瞞！」

佛燈禪師也跟著做了一首偈讚頌：

「法不孤起，仗境方生，烏龜不解上壁，草鞋隨人腳行。」

寶峰禪師更明確地指出：「明明言外傳，信何有古今？」

佛燈禪師讚頌說：「擲金鐘，輥鐵骨，水東流，日西去！」

人間哲理——喜間平常事

學僧看見烏龜骨裏肉，即生好奇心，可是這種好奇心用於求知可以，用於悟道就不好了，因為悟道需要的是一顆平常心。大隨禪師用草鞋覆蓋，即覆蓋這種虛妄根源的好奇心。佛燈禪師的「烏龜不解上壁，草鞋隨人腳行」，寶峰禪師的「水東流，日西去」，等等，都是世間平常事。明白這個道理，就是開悟了。

41 兩條船

有一次，康熙皇帝與鎮江金山寺住持香磬禪師，站在高高的望江塔上，只見長江江面百舸爭流。

忽然，康熙皇帝指著江面問香磬禪師：「這條江上有多少條船？」

香磬禪師不慌不忙，伸出兩根指頭：「不多不少，有兩條船。」

康熙追問：「一眼望去，江船何止百條、千條！怎麼能說只有兩條？」

「一條爲名來，一條因利去。」香磬禪師說。

人間哲理——禪眼

香磬禪師告訴人們，世間的求享樂、爭名利，都無意味，一切都是虛幻，是自尋煩惱。惟寬禪師說：「金屑雖珍寶，在眼亦為病。」沒有什麼值得追求的。懷璉禪師說：「世法裏面，迷卻多少人；佛法裏面，醉卻多少人！」無論是沉迷於世俗

生活，還是執著地追求出世的精神生活，都是迷惘。禪宗就是要做既不沉迷於世俗生活的追求，也不盲從佛家戒律的曠達之人。

42 定照禪師

在宋朝，宋徽宗得知芙蓉道楷禪師德行超俗，禪法神奇，於是就賜給他紫衣，並親封法號「定照禪師」。

對於這一榮耀啊道楷卻拒不接受。他說：「我一個出家人，專心致志學佛修禪就是了，要這些世俗的名利有什麼用？」

宋徽宗感到皇家的尊嚴被損，自己的權威受到挑戰，不由得雷霆震怒。他一道聖旨，命令大理寺收押道楷，嚴厲查辦！

不是上天堂，就是下地獄。然而，道楷禪師寧可進監牢，也不被名利所動。於是，他坦然接受了刑罰，披枷戴鎖，踏上了荒沙漫漫的流放之路。

人間哲理——宋徽宗與定照禪師

這就是禪者，這就是禪者的風采：大智且大勇，灑脫而神奇。什麼名利，什麼生死，統統是過眼雲煙。「千峰頂上一間屋，老僧半間雲半間。昨夜雲隨風雨去，到頭不似老僧閑。」歸宗志芝禪師如是說。

43 不捨一人

唐朝大曆三年，代宗皇帝傾慕道欽禪師的風範，下詔迎請他晉京。

禪師們大都不愛與達官貴人交往，更不願意去伺候皇帝。許多人接到皇帝的詔書，總是以種種理由推辭。道欽禪師說：「我佛慈悲，不捨一人。皇帝怎麼啦？他也是芸芸眾生中的一個啊！」

於是，道欽禪師來到皇宮，爲唐代宗講經說法。

代宗跟隨六祖慧能的弟子慧忠國師學禪多年，所以他懂得禪門規矩，不惜萬金之軀，親自向道欽禪師大禮參拜。

有一天，道欽禪師在宮中靜坐，代宗駕到，他立刻站立起來致意。

代宗對禪機很有體驗，說：「師父何以要起來呢？」

禪，最強調不分別。所以，靜坐之時，皇帝到來也可以不予理睬。

道欽禪師呵呵一笑，說：「若是不站起來，你又怎麼能在四威儀（行、住、坐、臥）中見老僧呢？」

代宗聞言大悅，封他爲國師，並賜尊號「國一」。

人間哲理——宋代宗與道欽禪師

代宗不同於徽宗，徽宗是附庸風雅，並非真心學禪，因此道楷對他的封號根本不予理睬；代宗卻是要真心學禪，因此道欽「不捨一人」，為皇帝說法。

44 不記年歲

在唐朝帝王中，對禪最感興趣的，當屬武則天。據史書記載，她曾經召請多位禪師入宮說法，僅僅五祖弘忍的弟子，她就請來了兩位——神秀、慧安。還有一位，就是六祖慧能——她這位中國獨一無二的女皇也沒能請得動。

嵩岳慧安國師，又稱老安，是一位頗有傳奇色彩的禪師。他年紀輕輕，就已博得天下聞名。當時，隋煬帝爲開鑿大運河，大肆徵召勞役，田園荒蕪，饑民如蝗。慧安到處化緣，救濟流民，無數性命因此獲救。隋煬帝慕名請他入宮，他理也不理，潛入了太和山隱姓埋名數十年。

唐高宗也曾派遣使臣前來迎請他作國師，他老人家金蟬脫殼，連夜逃到了嵩山。

他比五祖弘忍年長整整二十歲，而且名氣也比弘忍大得多，然而，他卻不管不顧，一頭拜倒在弘忍面前。他比六祖慧能大了五十六歲，按年齡，他完全可以給慧能當爺爺了，但他與慧能十分投機，多次向朝廷推薦慧能，說慧能才是禪宗的眞正傳人。

慧能最重要的弟子懷讓，本來先投在了他的門下，他說：「我教不了你，與你投緣

的師父是慧能。」

這個老頑童卻沒有拗過武則天，被皇家的轎子抬到了京城。當時，他已經一百二十多歲了，松風鶴形，銀髯飄飄，好像天地精魂所化，恰似太虛神仙下凡。

武則天很是好奇，問他年紀多大了？他說我不記得了。武后說怎麼可能呢？一個人怎麼會忘記自己的年齡呢？

慧安禪師淡淡一笑，道：

「人之身有生有死，如同沿著一個圓周循環，沒有起點，也沒有終盡頭，記這年歲有何用呢？何況，此心如水流注，中間並無間隙，看到水泡生生滅滅，不過是幻象罷了。人哪，從最初有意識到死亡，一直都是這樣，有什麼年月可記呢？」

武則天這個鐵血女皇，因此心服口服地跪倒在了慧安膝下。

神龍三年，一百二十八歲高齡的慧安大師帶著唐中宗賜給他的摩衲袈裟與國師封號，回到了他鍾愛的嵩嶽。三月三日，他對弟子們說：「再等五天，爲師就入滅了。我死後，你們將我的屍體放置在山坡上的樹林中，自有野火來茶毗（火化）。」

到八日那天，慧安大師安然而逝。門人遵囑將他的遺體放到山林中，果然野火自燃，燒出了無數晶瑩剔透、五彩繽紛的舍利。

人間哲理——人生如浮雲

生死都已看破，記這年歲又有什麼意義呢？

「無生戀，無死畏」（道英禪師語）。對於活著，並沒有什麼留戀；對於死，也沒有什麼畏懼。唐代的本淨禪師回答說：活著，好像睡覺在做夢；死了，好像睡覺不做夢。志勤禪師認為，人生如同空中的浮雲，從何處來，就向何處去。

45 走出棺材

宋朝至道元年，瑞鹿遇安禪師行將圓寂。他沐浴更衣後，自己走進棺材，讓人蓋上棺蓋。

三天後，弟子們按照慣例要將師父火化，於是就打開了棺蓋，只見遇安禪師就像佛祖釋迦牟尼圓寂時那樣側臥著。弟子們見到師父的遺容，忍不住痛哭起來。這時，本來已經死去多日的遇安禪師又活了過來。他從棺材裏走了出來，升座說法，並嚴厲訓誡弟子們：「此後，再打開我的棺材的人，就不是我的徒弟！」

說完，他重新回到棺材，寂然而逝。

人間哲理——再死一次

面對死亡，絕大多數禪師都顯得極豁達，極灑脫，毫不以此縈懷，言笑自若。並且還在死法上變出許多新奇的花樣來，有坐著去世，有站著去世，有倒立著去世，有手搖鈴鐺自己走進棺材而去；有在海水退潮時，坐在木盆中，吹著鐵笛，唱著歌，當木盆翻倒在海上的一剎那將鐵笛擲向空中而去，告別眾人時還要說一通水葬的種種好處，全然沒有一絲悲涼的氣氛。

46 生死自如

普化禪師在臨濟禪師座下。有一天，他在街上向人乞求法衣的佈施，有信徒拿上好的袈裟給他，但他又不接受人們供養的法衣。

有人把此事報告臨濟禪師，臨濟就買了一口棺材送他，普化非常歡喜地說道：「我的衣服買回來了。」

普化立刻扛起了棺材，跑到街上大聲叫著，說道：「臨濟爲我做了一件法衣，我可以穿它去死了，明天上午，我要死在東門。」

第二天，普化準時扛著棺材到了東門，一看，人山人海，人們都想來看這一怪事。普化對大家說：「今天看熱鬧的人太多，不好死，明天去南門死。」

如此經過三天之後，從南門到西門，從西門到北門，再也無人相信普化禪師的話，大家說：「我們都被普化騙了，一個好端端的人，哪能說死就死？咱們再也不要上他的當了。」

到了第四天，普化扛了棺材至北門，一看，沒有幾個看熱鬧的人，就非常歡喜地說

道：「你們非常有耐心，東南西北，都不怕辛苦，我現在可以死給你們看了。」

說罷，普化進入棺材，自己蓋好，就無聲息了。

人間哲理——普化視死如歸

得道的高僧為什麼能預知生死？因為他們已看破了生死，超越了生死，生死全然在掌握之中。

47 布袋和尚

開口便笑，笑古笑今，凡事付之一笑；
大肚能容，容天容地，於人何所不容？

一踏進寺院，笑咪咪、胖乎乎的彌勒佛，便袒露著大肚皮迎接著每一個人。彌勒佛的原型是中國五代時期的一位禪師——布袋和尚。

他本名契比，號長汀子，不知他來自哪裡。他總是腆著大肚皮，禪杖上挑著一隻大布袋，時常在明州（今寧波）奉化的街上轉悠。他看到什麼東西就向人家乞討，然後一股腦兒裝進他那大布袋。他嘴裏總是唱著——

我有一布袋，虛空無掛礙。
展開遍十方，入時觀自在。

白鹿和尚瞧得眞切，問事更問禪於他：「什麼是布袋？」

他聞言放下了布袋。

「什麼是布袋下面的事？」白鹿和尚當然是在問什麼是更深邃的禪要。

他一言不發，背起布袋就走。

那天，有一位雲遊禪僧在街上走。他追上去，在人家後背上拍了一巴掌。禪僧回首，以爲他要詢問什麼佛法，誰知，他卻伸出手，大言不慚地乞討：「給我一文錢。」

禪僧從這俗不可耐的舉動中，感受到了滾滾而來的機鋒。

禪僧道：「你說的好，就給你錢。」

他放下布袋，叉手而立。禪僧見狀，深深禮拜下去。

著名的保福禪師聽說了他的行狀，專門來勘驗他，問：「什麼是佛法大意？」

他依舊放下布袋。保福追問：「難道僅僅如此？更有向上的事嗎？」

他拿起布袋，挑在禪杖上，揚長而去。

有一日，他在十字路口站立。一位僧人問他在這裏幹什麼？他說等人。僧人就跟他鬥禪機，說：「來了，來了！」

布袋禪師說：「你不是我要等的人。」

僧人明白他指的是「眞人」——自性，再次問：「怎樣才是那個人？」

他卻裝傻充愣，伸手說：「給我一文錢？」——眞人無形無相，如何能說？雖然不能說，卻能表示——那伸手開口的，豈不是「眞人」的作用？

三月的一個晚上，他沒有露宿街頭，而是回到了他出家的岳林寺，端坐於東廊下的磐石上，說道——

彌勒真彌勒，分身千百億。
時時示時人，時人自不識。

說完，他閉目溘然長逝。

蹊蹺的是，在他圓寂火化之後，他那挑著布袋的身影，還經常出現在附近的州縣。

人們聯想到他臨終的法偈，這才恍然大悟，原來，這個布袋禪師，是彌勒佛的化身！

於是，各地競相圖畫、塑造他的形象，久而久之，人們就將他與彌勒佛等同識之。千百年來，它就在寺廟門前以笑臉應人，以大肚皮示人，閱盡世間百態。

人間哲理——彌勒佛化身

笑古笑今，笑東笑西，笑南笑北，笑來笑去，笑自己原來無知無識；觀事觀物，觀天觀地，觀日觀月，觀上觀下，觀他人總是有高有低。大肚彌勒的故事告訴我們，做一個真正的人，就該拿得起、放得下，一切都會隨風而去，何必那麼執著於身外之物！

48 玩笑成真

布衲如禪師就像一片雲，自由自在，無拘無束，行腳遍天下。人們不曉得他來自何處，師承誰家，甚至連他的法號都不知道，僅僅是常見他身穿一件粗布衲衣，就稱他爲「布衲如禪師」了。

在雙溪山，他遇到了一位心心相印、情趣相投的禪友——雲門宗高僧，佛日契嵩。佛日契嵩禪師像太陽一樣光芒四射，衆人仰慕。他的文采，連歐陽修、蘇東坡都佩服得五體投地；宋仁宗也賜給他「明教大師」的稱號。

契嵩禪師名重朝野，中國歷史上著名的宰相韓琦，請他到京城主持寺院，他只好與布衲如禪師分別。「禪心如秋月，千里亦同光。」一日身居京城的契嵩禪師思念老友布衲如，可又不能相見，就開玩笑寫了一首追悼詩，以嬉戲布衲如禪師——

繼祖當吾代，生緣行可規；
終身尚在道，識病懶尋醫。
貌古筆難寫，情高世莫知；
慈雲布何處，孤月自相宜。

契嵩禪師自己吟誦了兩遍，深感得意，便寄給了布衲如。布衲如禪師讀過之後，也非常喜歡這首追悼詩，舉筆在信箋上寫道——

道契平生更有誰，閑卿於我最心知。

當初未欲成相別，恐誤同參一首詩。

寫完，布衲如禪師投筆而逝。

他本來活得灑脫自在，有滋有味，壓根沒有入滅的意思，但爲了不辜負道友這首追悼詩，就這樣撒手歸西了。

更神奇的是，六十年之後，存放布衲如禪師的塔門腐朽，自動打開了。人們看到他的肉身完好如初，儀容栩栩如生。

人間哲理——布衲如禪師

契嵩禪師的追悼詩，本來僅僅是文字遊戲，布衲如禪師大可一笑置之；然而，人生豈不也是一場幻生幻滅的遊戲？何況契嵩禪師詩中有直下承當布衲如禪法的意思，不管是玩笑，還是真實見地，布衲為了給予認可，所以就毫不猶豫地入滅了。這要知道，禪師早已勘破了生死，來去自由，因此，法脈得到了傳承，撒手便走。這種瀟灑，這種自在，唯有禪者才能做到。

49 禪師之勇

心越禪師，法名興儔，字心越，號東皐，原籍杭州金華府浦陽。康熙七年，他三十歲時，前來拜謁翠微閣堂禪師。師父讓他常住禪堂，參究趙州「狗子無佛性」話頭。他整整參了三年，終於明心見性，得到師父的印可。

日本延寶五年，他飄洋過海，東渡到日本長崎。

當時，長崎有三大寺：興福寺（或南京寺）、福濟寺（或漳州寺）、崇福寺（或福州寺）。心越禪師很快出乎其類，拔乎其萃，就連當時全日本大名鼎鼎、大權在握的水戶將軍都數次派人，誠摯懇請心越禪師到水戶來，以便隨時請教。

心越禪師到水戶後，按照禪宗叢林格局，對天德寺進行了徹底改造，重新命名爲只園寺。心越爲開山祖師。

有一天，水戶將軍忽然想，佛門中人，心最軟，一定也最膽小，所以他想考驗一下心越禪師。

那天，心越禪師被請到府中，設素齋款待。席間，水戶將軍以茶代酒，親自爲禪師斟了一杯。心越禪師雙手剛剛接過茶杯，舉杯將飲未飲之際，突然，驚天動地一聲巨響：「轟——」

大地震顫，房屋搖晃，桌上盤、碟叮噹作響。原來，這是水戶將軍預先讓部下在隔壁房間潛伏下來，伺機以炮聲驚嚇心越禪師的。炮聲驟然響起，水戶將軍以爲毫無準備的心越，即使不嚇得屁滾尿流，起碼也會失手跌落茶杯，撒一身茶水。誰知，心越面不改色心不跳，甚至連眉毛都沒皺一下，神情自若地將茶水一飲而盡。

水戶將軍疑惑不解，試探著問道：「禪師，對不起，剛才是我的部下在操練槍炮。他們不知您來做客，失禮了。是否驚嚇著你了？」

心越禪師心明若鏡，心靜如水，淡淡一笑，說：「操槍弄炮，是你們軍中常事。沒什麼，我並不覺得奇怪，更不會受到什麼驚嚇。」

說著，心越禪師倒了一杯茶，回敬水戶將軍。將軍舉杯，就在茶杯將要觸及嘴唇之時，心越大喝一聲：「嘿！」

這一喝，如獅吼曠野，虎嘯山林，猝不及防的水戶將軍驚得手腳顫抖，杯中茶水傾撒了一身。水戶面帶慍色，問道：「禪師，你這是幹什麼？」

心越禪師說：「如同你們軍人操槍弄炮一樣，棒喝是我們禪宗的常事，將軍覺得有什麼不對嗎？」

水戶將軍本想挫折心越禪師的鋒芒，結果自己出了洋相。

人間哲理——定力

我們知道，僧人整天住在安靜的寺院裏，心越何以能對突如其來的炮聲毫無懼色？這就是禪僧長期修禪而形成的定力。人的心靈有此定力，便能五雷轟頂而不驚，美色誘惑而不亂，無故羞辱而不怒，厄運降臨而不怨。

50 火鉗禪

千年前，有兩個禪僧來參趙州從諗禪師。趙州不管新來的還是舊相識，都讓他們喝茶去。坐在一旁的當家師（監院）不明白，趙州說：「你也給我喝茶去！」寺院裏還有一大套各種各樣喝茶的儀式。因此，可以說，禪僧大概是世界上最愛喝茶、最會喝茶的人群了。

山下的岔路口開了一座茶館，生意十分興隆。這裏既不是交通要衝，也不是集鎮鬧市，開茶館的是個五、六十歲的老太婆。慕名而來的茶客，也大都是些出家的和尚。爲何茶館能開得紅紅火火？

岔路口附近的山上有一座規模宏大的禪寺，所以，來喝茶的僧人衆多也就不算什麼怪事了。可是，有的禪僧還跑了幾千里趕來喝茶，這恐怕就不像一碗茶水這樣簡單了。

原來，他們聽說開茶館的老太婆見地高明，禪法了得。

對於茶客，老太婆遠遠看一眼，馬上就知道誰是爲了喝茶，誰是爲了窺探她的禪功。一心一意來喝茶的人，她笑臉相迎，熱情招待。若是遇到那些爲禪來的人，老太婆總是神祕兮兮的一笑，用眼神示意他到屛風那邊。看她那神態，彷佛要將祕不二傳的佛法禪告訴你。

屛風那邊是灰塵紛飛的爐灶間。可是，卻有不少禪僧悄悄地、興奮地來到屛風後邊，準備洗耳恭聽。這時，老太婆總是順手拿起捅爐子的火鉗，毫不留情地敲在他們的光頭上。

還眞的有人在老太婆當頭棒喝下豁然大悟了，滿面笑容而去；不悟的人也不肯說挨了火鉗，只能笑而不宣。

同是微笑，滋味不同，酸甜苦辣，一切都在不言中。

人間哲理——茶館的老太婆

禪茶一味，禪，就在茶裏！你不老老實實喝茶，細細品味生活中的禪機，額外尋找什麼禪？只能找到火鉗禪！可是，偏偏很少有人能抵禦住「屏風那邊」的誘惑。因為他投機取巧之心不死，總是幻想天上掉餡餅。為了臆想中的餡餅，往往掉進形形色色的陷阱。頌曰：

「心外無法，心外無禪，觀照自心，滿目青山。」

51 一與二

雲居禪師總是勸導人們要相信自己，不要相信有什麼鬼神，更不要將命運寄託給鬼神。無形之中，他便得罪了靠念咒畫符、降神驅鬼生活的茅山道士。

某一天，有備而來的茅山道士，在街市上當衆攔住了雲居禪師的去路，說道：「你

們佛教看問題不全面，比我們道教差遠了。比如，你們佛教的最高境界是『一心』、『一乘』、『一眞法界』，什麼都是『一』；而我們道教什麼東西都講究『二』，例如陰陽、兩儀、乾坤。是不是比你們的『一』更合理、更高明？」

「一而二，二而一，事物都是一體兩面，何必妄加分別，非要分什麼高低、勝負呢？再說，二也不一定就能勝一。」雲居禪師說。

茅山道士不依不饒，死死擋住他的去路：「你休想溜走，我一定要戰勝你！說吧，只要你能『一』，我就能做到『二』。」

雲居實在無法脫身，就翹起了一條腿。茅山道士見狀，啞口無言，愣在了當場——他無論如何也不能將兩條腿都翹起來呀！

人間哲理——立見高下

禪宗講「一」，講無分別；道教講「二」，講陰陽。這本是事物的一體兩面，只是觀察的角度不同而已，並無高下之分。可修道還不甚深的茅山道士非要分出高下，自然只能是自討沒趣了。

52 水果的啟示

一個青年禪僧出家之後，修行非常勤奮。爲了專心致志地修行，他申請常住禪堂。寺院禪堂，號稱選佛場，既是「選佛」，那肯定不是容易做到的。每天十幾個小時的跏趺靜坐（俗稱雙盤），足以令大多數人望而卻步。許多人寧可種菜、做飯、掃廁所，也不敢住禪堂。年輕禪僧卻已下定了決心。

然而，他可以忍受那巨大的肉體痛苦，卻無法排遣心裏的煩惱，妄念紛飛，無法控制。無可奈何的他來找方丈，向師父請教降伏欲念的方法。師父聽了他的訴求，並沒有講說什麼高深的禪理，甚至也沒有指點修行方法，只是讓他到街市上買一些橘子吃。

他吃了一肚子橘子，也沒將那些煩惱撐跑。第二天，師父又讓他去買香蕉。第三天，又變換成了鳳梨。這次，年輕僧人將鳳梨提到了方丈面前。師父問他：「你買這些鳳梨幹什麼？」

「吃啊！」

師父又問：「你吃鳳梨皮嗎？」

「我只吃果肉，不吃果皮。」

師父忽然大怒，大喝一聲：「你這個笨蛋，既然不吃皮，你爲何這幾天買的水果都帶著皮？」

弟子聞聽此言，立刻大徹大悟了。

人間哲理——以一念代萬念

美麗的蓮花離不開污泥，修行也離不開欲望。想開悟，是不是欲念？期盼成佛作祖，是不是欲望？如同鳳梨、橘子、香蕉之類的水果，我們並不吃粗糙的果皮，但為什麼又需要果皮？因為好吃的果肉需用它來包裹。我們吃完果肉，再把果皮拋棄就是了。坐禪也是如此，我們要借助欲念修行，要用念頭參究，以一念代替萬念。這不是吃果皮，因為還不到將欲念的「果皮」扔掉的時候，它的裏面包裹著甜美的果肉。

53 禪的妙用

一位禪師的寺院就在縣城裏邊，四周都是民房。

一天，新任縣太爺來訪。禪師親自陪同他禮佛、參觀。縣老爺是新科進士，飽讀詩書，對虛無縹緲的禪不感興趣。言談話語中，縣太爺頗具挑戰意味地說：「孔孟之道，可以治國平天下。請問，你們終日參究的禪，有什麼用處呢？」

禪師聽了，微微一笑說：「禪可以純潔、滋潤人的心靈，使人們的生活充滿了慈悲與智慧。」

這時，寺院左近的人家傳來一陣激烈的爭吵聲，是一對夫妻在吵架。縣官靈機一動，對禪師說：「禪師，你們佛門中人慈悲爲懷，你何不去用禪的智慧去化解這對夫妻的矛盾呢？」

說完，縣官得意地盯著禪師，誰知，禪師不慌不忙，胸有成竹地攙起縣官的手說：「走吧，我們一同去看看。」

他們來到街上，走到傳出吵鬧聲的那家大門口，裏邊激戰正酣：

「人家哪個丈夫像你這樣沒出息？你也撒泡尿照照，看你還像個男人嗎？」

「你再罵，你再罵我就揍你！」

禪師站立在那家的大門口，對來往的行人說：「大家快來看哪！平時你們看鬥牛、鬥雞，要買門票，連參觀鬥蛐蛐，都會收錢。現在，這裏面正在鬥人呢，不看白不看，不要錢。」

丈夫聽到和尚的吆喝，不願意再當衆出醜，低聲威脅妻子：「不許再鬧了，省得丟人現眼。你若再吵鬧，看我不弄死你！」

禪師高聲叫喊：「呀，越來越精彩了，現在要表演殺人啦！」

外邊的路人說：「和尚，你在這裏亂叫喚什麼？人家夫妻吵架，與你一個出家人有什麼關係？」

「嘻嘻，」禪師笑著說：「怎麼會與我無關呢？你沒聽見裏面說要殺人嗎？只要死了人，就會請和尚念經，做法事超渡亡靈。和尚我就有銀子賺了。」

縣官一甩袖子，氣憤地說：「豈有此理，你爲了銀子，竟然希望別人家裡死人！」

大門裏面的妻子也怪道：「師父，咱們是鄰居，我們夫妻生氣拌嘴，你不勸解也就算了，怎麼反而來看熱鬧、說風涼話呢？」

禪師說：「我怎麼是來看熱鬧的呢？我有正事要辦呀！你想，咱們是多年的老鄰居，平時都是你們供養我。而我一無所長，只會念經做法事。所以，不管是你被丈夫打死，還是你丈夫被你氣得上了吊，和尚我都要來做一場超渡呀。請問，你倆是誰先預定的呀？」

妻子「噗哧」一聲樂了：「師父，超渡亡靈，有自己預定的嗎？」

丈夫也說：「誰說我要打死她啦？我捨得嗎？是你聽錯了吧？」

禪師轉向縣官：「你看，人家夫妻好著呢，怎麼會打架呢？是你聽錯了吧？」

人間哲理——禪師勸架

禪的妙用，無所不能。只要你用一顆靈動的禪心，生命中的煩惱、生活裏的困頓，都會隨風而逝。頌曰：「葉落秋風掃，夜臨月點燈，幾度朝霞豔，幾度夕陽紅。」

54 詩人王摩詰

王維出生在一個佛學世家，他的母親師事神秀大師的弟子曹寂禪師三十餘年。所以，他自幼學習參禪打坐，並在誦讀《維摩詰經》時豁然有醒，從此將自己的名字改成了「維」，字「摩詰」。他的名與字合起來，就是佛經所記載的最神奇的居士——維摩詰——這號人物。

唐開元二十八年，王維與六祖慧能的弟子神會相遇了。

王維問：「怎樣修禪才能得到解脫？」

神會說：「眾生的心本來就是清淨的，若是再起心念刻意去修行，即是在清淨心中增添妄念，就無法得到解脫了。」

然而，王維畢竟深受北宗漸修思想的影響，想了想，又問：「如何是定慧？」

神會說：「自心清淨，湛然常寂，有無數的妙用。這就是定慧等學。」

王維恍然有悟。這一思想影響了王維的文學與繪畫創作。

唐太宗李世民曾經稱讚王維是中國自古以來最好的詩人，而王維並不認爲自己是詩

人。的確，詩歌僅僅是他所擅長的藝術形式之一。可是，他的繪畫與音樂造詣似乎比詩還要神奇。

一次，王維彈奏琵琶時，一位樂師吹簫爲他伴奏。他興致甚濃，漸漸進入了一種渾然忘我的境界。「砰！」伴奏的竹簫終於承受不住王維彈奏的琵琶聲所帶有的雄渾主力而崩裂了！

還有一次，王維到一座廟宇遊覽。主人將他帶到了一幅精美的壁畫前，畫面上有一隊樂人。王維竟然能說出壁畫上的樂隊正在演奏的是哪一首樂曲。

儘管王維的畫作沒有流傳下來，但曠世奇才的蘇東坡說他是——「中國唯一眞正的山水畫家。」明代書畫大家董其昌總結了前人的評價說：「右丞（王維的官銜）以前作者，無所不工，獨山水神情傳寫，猶隔一塵。」

正是王維，開創了中國山水畫寫意之先河。是禪，賦予了他神奇的智慧。

人間哲理——詩人王維

「人閑桂花落」的詩魂，唯有禪心才能領悟。

寧靜以致遠。極度寧靜的心靈，是極度敏感的心靈。惟有澹泊寧靜，方能與天

地萬物融為一體。「宇宙即吾心，吾心即宇宙」，彼此相通，彼此相融。於是，達到了「天人合一」的最高境界。

55 快樂處方

有一天，無德禪師正在院子裏鋤草，迎面走過來三位信徒，向他施禮，說：「人們都說佛教能夠解除人生的痛苦，但我們信佛多年，卻並不覺得快樂，這是怎麼回事呢？」無德禪師放下鋤頭，安詳地看著他們說：「想快樂並不難，首先要弄明白爲什麼活著。」

甲說：「人總不能死吧！死亡太可怕了，所以人要活著。」

乙說：「我現在拼命地勞動，就是爲了老的時候能夠享受到糧食滿倉、子孫滿堂的生活。」

丙說：「我可沒你那麼高的奢望。我必須活著，否則，一家老小靠誰養活呢？」

無德禪師笑著說：「怪不得你們得不到快樂，你們想到的只是死亡、年老、被迫勞動，沒有信念的生活當然是很疲勞、很累的了。」

信徒們不以爲然地說：「信念，說說倒是很容易，但總不能當飯吃吧？」

無德禪師說：「那你們說有了什麼才能快樂呢？」

甲說：「有了名譽，就有一切，就能快樂。」

乙說：「有了愛情，才有快樂。」

丙說：「有了金錢，就能快樂。」

無德禪師說：「那我提個問題，爲什麼有人有了名譽卻很煩惱，有了愛情卻很痛苦，有了金錢卻很憂慮呢？」

信徒們無言以對。

無德禪師說：「信念不是空洞的，而是體現在人們每時每刻的生活中。必須改變生活的觀念、態度，生活本身才能有所變化。名譽要被人讚賞，才有快樂；愛情要奉獻他人，才有意義；金錢要佈施於窮人，才有價值，這種生活才是眞正快樂的生活。」

人間哲理——快樂之道

人生而有欲，飲食、男女、財富、名譽、地位、子女的幸福等等，都是欲的對象，甚至還有很大的欲，想長生不老。人生的一切煩惱和痛苦，說到底都是由於欲望太多所引發的。可欲而不可得，苦惱；欲望無止境，苦惱；因欲望多而引發種種是非爭奪，苦惱；兒孫不爭氣，苦惱；最終難免一死，苦惱。於是，很多人在世，歡樂極少而苦惱極多。解決這些煩惱的最好辦法：趕緊確立一個正確的人生信念！

56 積善以成德

大文豪白居易去拜訪道林禪師，看見禪師端坐在鵲巢邊，就說：「禪師住在樹上，太危險了！」

道林禪師回答說：「太守！你的處境才非常危險！」

白居易聽了不以爲然地說：「我是當朝重要官員，有什麼危險呢？」

道林禪師說：「薪火相交，縱性不停，怎能說不危險呢？」意思是說官場浮沉，勾心鬥角：危險就在眼前。

白居易似乎有些領悟，轉個話題又問：「請問禪師，什麼是佛法大意呢？」

道林禪師回答：「各種惡行不做，各種善行奉行！」

白居易聽了，以爲禪師會開示自己深奧的道理，原來是如此平常的話，感到很失望地說：「這是三歲孩兒也知道的道理呀！」

道林禪師說：「三歲孩兒雖然知道，但八十歲的老翁卻做不到啊！」

人間哲理——知易、行不易

禪師所說的佛法大意看起來雖然稀鬆平常，可是又有多少凡人能夠做得到呢？如果人人能夠不為惡，只行善，人間哪裡還有邪惡與善良之分呢？

57 畸形心態

有位信徒對默仙禪師說：「我的妻子貪婪而且吝嗇，對於做好事行善，連一點兒錢財也不捨得，您能慈悲到我家裏去，向我太太開示，行些善事好嗎？」

默仙禪師是個痛快人，聽完信徒的話，非常慈悲的就答應下來。

當默仙禪師到達那位信徒的家裏時，信徒的妻子出來迎接，可是卻連一杯茶水都捨不得端出來給禪師喝。於是，禪師握著一個拳頭說：「夫人，你看我的手，天天都是這樣，你覺得怎麼樣呢？」

信徒的夫人說：「如果手天天這個樣子，這是有毛病，畸形的啊！」

默仙禪師說：「對，這樣子是畸形。」

接著，默仙禪師把手伸展開成了一個手掌，並問：「假如天天這個樣子呢？」

信徒夫人說：「這樣子也是畸形啊！」

默仙禪師乘機說：「夫人！不錯，這都是畸形，只知道貪取，不知道佈施，是畸形。只知道花用，不知道儲蓄，也是畸形。錢要流通，要能進能出，要量入爲出。」

信徒的太太在默仙禪師這麼一個比喻之下，對做人處世和金錢觀念以及花錢之道，豁然領悟了。

人間哲理——默仙禪師說法

握著拳頭暗示過於吝嗇，張開手掌則暗示過於慷慨。有的人過分貪財，有的人

過分施捨，這都不是禪的應有之義。吝嗇、貪婪的人應該知道喜捨結緣是發財順利的原因，因為不播種就不會有收成。佈施的人應該在不自苦不自惱的情形下去做，否則，就是很不純粹的施捨了。

58 禪話禪音禪事禪心

有位女施主家境很富裕，無論其財富、地位、能力、權力，還是漂亮的外表，都沒有人能夠比得上她，但她卻還是鬱鬱寡歡，連個談心的人也沒有。於是她就去請教無德禪師，詢問如何才能具有魅力，以及贏得別人的喜愛。

無德禪師告訴她：「你能隨時隨地和各種人合作，並具有和佛一樣的慈悲胸懷，講些禪話，聽些禪音，做些禪事，用些禪心，那你就能成爲有魅力的人。」

女施主聽後，發問：「禪話怎麼講呢？」

無德禪師回答：「禪話，就是說歡喜的話，說真實的話，說謙虛的話，說有利於別人的話。」

女施主又問：「請問禪音怎麼聽呢？」

無德禪師回答：「禪音就是化一切聲音爲微妙的聲音，把辱罵的聲音轉爲慈悲的聲音，把譭謗的聲音轉爲幫助的聲音，哭聲鬧聲、粗聲醜聲，你都能接受而且不介意，那就是禪音了。」

女施主再問：「那請問禪事怎麼做呢？」

無德禪師回答：「禪事就是佈施的事，慈善的事，服務的事，合乎佛法的事。」

女施主更進一步問：「禪心是怎麼用呢？」

無德禪師回答：「禪心就是包容一切的心，普利一切的心。」

女施主聽了之後，一改從前的驕氣，在人前不再誇耀自己的財富，不再自恃美麗，對人總謙恭有禮，對眷屬尤能體恤關懷，不久就被誇爲——「最具魅力的施主」了！

人間哲理——漂亮的說法

禪不只是理論，更是生活。生活裏有禪，就會力量無窮，就會在人前受到尊敬，到哪裡都顯得高貴，人生就會變得越來越快樂。

59 人生單行道

親鸞上人九歲時，就已下定決心要出家。他請求慈鎮禪師爲他剃度，慈鎮禪師就問他說：「你還這麼小，爲什麼要出家啊？」

親鸞回答：「我雖然只有九歲，但父母已經雙亡，我不知道爲什麼人一定要死亡，爲什麼我一定非與父母分離不可。因此，爲了探索這個道理，我一定要出家。」

慈鎮禪師非常欣賞親鸞的志願，於是說：「好吧！我願意收你爲徒，不過，今天太晚了，等明天一早，我再爲你剃度吧！」

但是，親鸞聽了禪師的話後，不以爲然地說：「師父！雖然你說明天一早爲我剃度，但我畢竟是年幼無知，不能保證自己出家的決心能不能持續到明天啊！況且，你那麼大的年紀，也不能保證您是否明早起床時還是活著的。」

慈鎮禪師聽了這話以後，不僅沒有生氣，反而拍手叫好，並十分喜悅地說：「對啊！你說的話完全沒錯的。那我現在馬上就爲你剃度！」

人間哲理——做今天該做的事

人生是條單行道，沒有人能事事如願。從生命的意義來說，每個人都應該珍惜自己的現在，要珍惜現在的美好時光，讓每一天過得充滿熱情，充滿樂趣。珍惜現在是一種智慧的表現，更是每個人一輩子的修行和功課。因此，我們應該時時提醒自己：假如我明天死去……

60 騎著牛找牛

大安禪師平時對經典頗有研究，但對禪道心性玄極始終不得其門而入，經常覺得愧對石頭禪師，後來特別去禮拜百丈懷海禪師，向他請益說：「學人欲求禪道心性玄極，怎麼辦呢？」

百丈禪師回答：「您這很像騎著牛尋找牛啊！」

大安禪師對這種解釋不大明白，追問：「怎樣才能把持自我呢？」

百丈禪師開示說：「如同牧牛人，執著杖看著牛，不讓牛去踐踏人家的莊稼。」

大安禪師聽了之後，按此修行，把持自己，肯定自己。後來與同參靈佑禪師創建溈山禪院，大安禪師躬耕助道。後來靈佑禪師圓寂後，大安禪師由大眾推舉而任住持。

人間哲理——本來的面目

騎著牛尋找牛，是因為不認識自己的禪性；騎著牛回家，就已經萬事放下了。

61 坐一日勝過千年忙

大安禪師的晚年，回到福建，住怡山院，終日端坐，不言不語，無所事事，大眾背後稱他爲——「懶安禪師」。

有位禪僧說：「終日不言不語，如木石一樣，那就是禪嗎？」

另一禪僧說：「終日端坐，既不領眾梵修，也不指導作務，這就是禪嗎？」

大安禪師的懶，已經引起大家的不以爲然。

有一天，他集合眾僧，宣告說：「請大家今天跟我終日端坐，不言不語，只要三天，當可令大家識得自己。」

眾僧隨大安禪師靜坐一日，腰酸腿痛；第二日，個個請求，寧可作務，不願靜坐。

大安禪師這時才告訴大眾說：「老僧坐一日，勝過千年忙。」

眾人無言以對，沉默了很久。

人間哲理——大安與懶安

大安禪師不是一個懶惰的人，他年輕時，助長靈佑禪師開創溈山，終日耕作，雖然搬柴運水是禪，但禪不等於搬柴運水。作務是禪，端坐也是禪；語言是禪，不語也是禪；動固是禪，靜更是禪。

62 不曾吃著一粒米

雲居道膺禪師專程前來拜訪洞山良价禪師的時候，良价禪師問：「你是從什麼地方來啊？」

道膺禪師回答：「我從翠微禪師那裏來的！」

良价禪師再問：「你在翠微禪師那裏，他都教導些什麼呢？」

道膺禪師說：「翠微禪師那裏每年正月都祭祀十六羅漢跟五百羅漢，而且祭祀得非常重！我曾請示道：『以此隆重禮儀祭祀羅漢，羅漢們會來應供嗎？』翠微禪師回答我說：『那每天都吃什麼？』我想，這句話就是他的教言了。」

良价禪師聽了之後，非常驚訝地問：「翠微禪師眞的是這樣教導你們的嗎？」

道膺禪師非常肯定地回答：「是的！」

良价禪師既高興又讚美翠微禪師。

道膺進一步問良价禪師說：「老師！請問您每天吃些什麼呢？」

良价禪師不假思索，立刻回答：「我終日吃飯，從來沒有吃著一粒米；終日喝茶，

從來沒喝到一滴水。」

道膺禪師聽了之後，忽然鼓掌說：「老師！那你每天是眞正吃到米，喝到水了。」

人間哲理——吃與不吃

假如有人問你，每天吃些什麼，吃到的都不是真吃，因為有吃無吃，那是生滅問題。如果不吃而吃，吃而不吃，從有為到無為，從有相到無相，從生滅到無生滅，也就是所謂「百花叢裏過，片葉不沾身」。那就是每天都在吃，每天都在解脫之中了。這實在是一種比較高的禪的境界啊！

63 黑暗中的光亮

禪師問：怎樣用一百塊錢買來東西，將一個佔地超過一百坪的倉庫放滿呢？

其中一位信徒想了很久，決定將那一百塊錢全部去買最便宜的稻草。結果，稻草運回來之後，連倉庫的一半都裝不滿。

另一位信徒稍微聰明一些，他將那一百塊錢買了衛生紙，再把衛生紙的包裝拆開來，將一張張的衛生紙揉得鬆鬆散散的，希望能裝滿倉庫。但即使他再怎麼努力揉散那些衛生紙，仍裝不滿整座巨大倉庫的三分之二。

還有一位信徒看著前兩位的舉動，等他們試過失敗之後，輕鬆地走進倉庫，將所有的窗戶牢牢關上，請禪師也走進倉庫中。他把倉庫的大門關好，整個倉庫霎時變得伸手不見五指，黑暗無比。這時，他從口袋中拿出他花了一塊錢買來的火柴，點燃也是用一塊錢買的小蠟燭。頓時，漆黑的倉庫中充滿了蠟燭所發出的光芒，雖然微弱，卻是溫暖無比。

人間哲理——靈光乍現

緊閉的心靈，即使用盡心機，竭力奔波，找來再多的東西，也無法將它裝滿，能填滿自己寂寞心靈的其實只有自己。

64 生活的滋味

有一天，著名教育家夏丏尊先生前來拜訪弘一大師（李叔同）。吃飯時，見他只吃一道鹹菜，夏先生不忍心地說：「難道您不嫌這鹹菜太鹹嗎？」

弘一大師回答：「鹹有鹹的味道！」

過了一會兒，弘一大師吃好後，手裏端著一杯開水，夏先生又皺皺眉頭說：「難道沒有茶葉嗎？怎麼每天都喝這平淡的開水啊？」

弘一大師笑一笑說：「開水雖淡，但淡也有淡的味道。」

人間哲理——澹泊處世

夏丏尊因為和弘一大師是青年時代的好友，知道弘一大師在李叔同時代，有過歌舞昇平的日子，所以這麼問。但是，弘一大師早就超越鹹淡的分別，這超越並不是沒有味覺，而是真正能夠品味好滋味與開水的真清涼。

人生旅途上，有時候是沒有能力選擇的，因此應該學會隨遇而安，來什麼品味什麼。聚與散、幸福與悲哀、失望與希望，假如我們願意品嘗，樣樣都有滋味，樣樣都是生命中不可或缺的。

65 得不到和已失去

從前，圓音寺的橫樑上有個蜘蛛有了佛性。

有一天，佛祖光臨了圓音寺，對蜘蛛說：「我來問你一個問題，世間中什麼才是最珍貴的？」

蜘蛛想了想，回答說：「世間最珍貴的是『得不到』和『已失去』。」佛祖聽了，點點頭離開了。

過了一千年，佛祖又來了，對蜘蛛說：「那個問題你有更深的認識嗎？」

蜘蛛說：「我覺得世間最珍貴的是『得不到』和『已失去』。」

又過了一千年。有一天，颳起了大風，風將一滴甘露吹到了蜘蛛網上。蜘蛛望著晶瑩透亮的甘露，頓生喜愛之情。突然，颳起了一陣大風，將甘露吹走了。蜘蛛一下子覺得失去了什麼，感到很傷心。這時佛祖又來了，問蜘蛛：「世間什麼才是最珍貴的？」

蜘蛛說：「世間最珍貴的是『得不到』和『已失去』。」

佛祖說：「好，那我讓你到人間走一遭吧！」

蜘蛛投胎到了一個官宦家庭，名叫蛛兒，一晃長到十六歲，成了婀娜多姿的少女。有一天，皇帝在後花園爲新科狀元郎甘鹿舉行宴席。席間，來了許多妙齡少女，包括蛛兒和長風公主。蛛兒覺得這是佛祖賜予她的姻緣。但是，幾天後，皇帝命新科狀元甘鹿和長風公主完婚；蛛兒和太子芝草完婚。

蛛兒深受打擊，靈魂就要出殼了。太子芝草趕來對蛛兒說：「在後花園眾姑娘中，我對你一見鍾情。如果你死了，我也就不活了。」說著就拿起了寶劍要自刎。

這時，佛祖來了，他對蛛兒說：「你可曾想過，甘露（甘鹿）是由誰帶到你這裏來的呢？是風（長風公主）帶來的，最後也是風將它帶走的。甘鹿是屬於長風公主的，他對你不過是生命中的一段插曲。而太子芝草是當年圓音寺門前的一棵小草，他仰慕你三千年，你卻從未低頭看過它。我再問你，世間什麼才是最珍貴的？」

蛛兒於是大澈大悟。

人間哲理——把握現在

世間最珍貴的不是「得不到」和「已失去」，而是現在能把握的幸福！

66 隨遇而安

酷夏，一位小和尚指著寺院的一片行將枯死的草地對師父說：「你看，這些小草馬上就要死了，這太有損我們寺院的美觀了，我們應該再撒些草籽。」師父向他揮揮手說：「隨時！」

許多天過去了，小和尚沒得到師父的任何吩咐，他不禁暗自著急。他等呀等呀，終於熬到了中秋節。這天，師父交給他一包種子讓他撒到草地裏。小和尚非常高興地拿著種子去撒。還沒等他撒完，忽然間秋風四起，種子隨風飄走了好多。小和尚大叫起來：「不好了，不好了，種子被風吹跑了。」

「沒關係，吹走的大多都是空心的種子，種在地裏也不會發芽的。」師父說：「隨性！」

小和尚剛剛播完種，空中飛來了幾隻尋食的鳥，牠們在草地上不停地啄著什麼。「天哪，種子要被小鳥吃光了，這可如何是好。」小和尚急得抓耳撓腮，驚慌不已！

「沒關係，種子多得很，吃不完！」師父說：「隨遇！」

到了半夜裏，老天突降一場傾盆大雨，把小和尚播種的草地沖得面目全非。第二天清早，小和尚飛一樣地衝進禪房：「師父，全完了，種子都被暴雨沖走了！」

師父微笑著說：「沖到哪裡就在哪裡發芽！隨緣！」

六、七天過去了，快要枯死的草地上竟然冒出了許多嫩綠的草芽，就連一些沒有撒種的牆角也冒著綠綠的生機。小和尚高興地直蹦：「師父，長出來了！』

師父含笑點頭：「隨喜！」

人間哲理——隨時、隨性、隨緣、隨喜

面對同樣的事情，不同的人的感悟是不一樣的，樂觀的人往往會記住生活中快樂的一面，於是，他很幸福；而悲觀的人則恰恰相反，於是，他總覺得很不幸。草

兒在酷暑中枯萎了，在嚴寒中死去了，可到了明年春天又會煥發出勃勃生機，「野火燒不盡，春風吹又生」。這師父對人生的領悟，已經到了一種豁達、灑脫的成熟境界。

67 一坐四十年

宋朝的惟則少年出家後，在浙江天臺山翠屏岩的佛窟庵修行。他用落葉蓋屋頂，結成草庵，以清水潤咽喉，每天只有在中午才採摘山中的野果來充饑。

有一天，有位樵夫路過佛窟庵，看到一個修道老僧，十分好奇地上前問道：「請問您在這裏住了多久了？」

佛窟禪師回答：「大概已經有四十個寒暑了。」

樵夫驚異地又問：「您一個人在這裏修行嗎？」

佛窟禪師點了點頭，說：「叢林深山，一個人在這裏都已經嫌多了，還要很多人做什麼呢？」

樵夫接著又問：「那您沒有朋友嗎？」

佛窟禪師以拍掌做聲，這時，很多虎豹從庵後出來，樵夫感到很恐懼，佛窟禪師立刻說：不要害怕，並同時示意虎豹退到庵後。

然後，禪師說：「朋友很多，大地山河、樹木花草、蟲蛇野獸都是朋友啊！」見到這情景，樵夫大爲感動，自願皈依作爲禪師的弟子。佛窟對樵者扼要地講了佛法的要旨，樵夫心領神會。

從此之後，不少人紛紛來到佛窟庵學習禪理。翠屏岩上白雲飄空，草木迎人，虎往鹿行，鳥飛蟲鳴，而佛窟學也逐漸成了一個禪宗派別。

人間哲理——佛窟禪師

四十年，對於短短幾十年的人生來講，絕對是漫長的歲月，但對於體悟無限時間、進入永恆生命、已經融入大化中的禪師來說，這只不過一瞬間而已。在禪者的心中，一瞬間和四十年，並沒有什麼差別。

68 老僧一炷香，能消萬劫糧

黃檗有一個居士學生，就是在宣宗時曾任宰相的裴休。裴休是位虔誠的佛教徒。有一次，他買了一尊佛像，跪求黃檗替它取名，黃檗叫道：「裴休。」

裴休應聲回答。黃檗便說：「好了！我已替你取好了名字。」

又有一次，裴休把他解釋佛理的一篇文稿給黃檗看，黃檗把那篇文稿放在一旁，過了好一會才問裴休：「你了解嗎？」

裴休回答：「我不了解。」

黃檗便說：「你用我所示這種方法去了解，也許還能把握一、二，如果要用文字來表達，那便完全失去了吾宗的精神。」

裴休的兒子裴文德，年紀輕輕就中了狀元，被皇帝封爲翰林，但是裴休不希望兒子這麼早就飛黃騰達。因此就把他送到寺院裏修行參學，並且要他先從苦工做起。

這位少年得意的翰林學士，天天在寺院裏挑水砍柴，弄得身心疲累，而又煩惱重重，心裏就不停地嘀咕，不時地怨恨父親把他送到這種深山古寺裏來做牛做馬，但因父

命難違，只好勉強忍耐。

可是，裴文德這樣心不甘情不願地做了一段時間之後，終於忍耐不住，滿懷怨恨地發牢騷道：「翰林擔水汗淋腰，和尚吃了怎能消？」

寺裏的住持無德禪師碰巧聽到，微微一笑，也念了一句詩回答道：「老僧一炷香，能消萬劫糧。」

裴文德嚇了一跳，從此收束身心，苦勞作役。

人間哲理——修行之道

偉大人物不是坐在高位上給人崇拜，禪者是從卑賤作業、苦役勞動中身體力行，磨勵意志。禪門更是重視苦行頭陀，勞役歷練。如果做到禪者一炷香，心能橫遍十方，性能豎窮三際，心性達到一定境界，當然就是「老僧一炷香，能消萬劫糧」了。

69 超越煩惱

有信徒問趙州從諗禪師：「佛陀有煩惱嗎？」

趙州禪師回答：「有！」

信徒問：「那怎麼會呢？佛陀是解脫的人，怎麼會有煩惱呢？」

趙州禪師回答：「那是因爲你還沒有得渡。」

信徒問：「假如我修行得渡了以後，佛陀有煩惱嗎？」

趙州禪師回答：「有！」

信徒問：「我既已得渡了，佛陀爲什麼還有煩惱呢？」

趙州禪師回答：「因爲還有一切衆生！」

信徒問：「一切衆生，當然無法渡盡，那麼佛陀不就永遠都在煩惱之中，而無法超越了？」

趙州禪師回答：「已經超越，已無煩惱。」

信徒問：「衆生既未渡盡，佛陀爲什麼又不煩惱呢？」

趙州禪師回答：「佛陀自性中的衆生都已渡盡。」

人間哲理——佛陀的煩惱

普通人的煩惱是從妄想引起的，而佛陀有煩惱是從慈悲心生的，最怕的是從煩惱生煩惱。

人類有了愛之後就會造業，就會產生煩惱，一切煩惱、一切不善的行為都是和愛有關係的。

世界上，找不出沒有煩惱的人，誰都有一本難念的經。只不過有人善於尋找快樂，而有些人只會在苦海中掙扎。

第二部

破除戒律

——大千世界內，一個自由身

1 誰束縛了你

慧能門下高足之中，南嶽懷讓一系傳至馬祖道一時大盛，與此同時，青原行思一系也出現了一位名動四方、禪機玄奧的大師，他就是與馬祖道一齊名的石頭希遷禪師。

希遷（七〇〇～七九〇），俗姓陳，廣東人，年輕時即心懷慈悲之念。後出家爲僧，初投慧能門下，慧能圓寂後，希遷在羅浮山受具足戒，後師事於青原行思，獲悟禪旨。天寶初年，前往源南衡山，結庵在南寺前的一塊大石頭之上，人稱「石頭希遷」。希遷禪法較爲嚴謹，當時學人常常以得到希遷的認可爲榮，與馬祖大師合稱爲「並世二大士」。

石頭希遷的教育法十分嚴厲，有時不止是封住學人的口，還要倒打一耙。

有僧問：「什麼是解脫？」

希遷馬上反問：「誰束縛了你？」

又問：「什麼是淨土？」

禪師又反問：「誰污染你了？」

學僧不死心，問：「什麼是涅槃？」

希遷還是老一套：「誰把生死給你啦？」

人間哲理——自己綁自己

四祖道信請僧璨教他解脫法門，僧璨反問道：「誰把你捆起來了？」道信說：「沒有誰捆我。」僧璨說：「既然沒有誰把你捆起來，這便是解脫，何須再求解脫？」道信立即大悟。

希遷與四祖異曲同工，告訴我們，我們本來就自由，沒有任何束縛，一切戒律都是人為的束縛。

2 禪裏面有絕對自由

根據雲門宗所強調——雲門文偃禪師，住雲門山光奉禪院，是六祖的六傳弟子，他自創一家宗風，號雲門宗，是禪宗史上的一位傑出人物。

禪裏面有絕對自由，有時否定，有時又肯定，高興用什麼方法，就用什麼方法。」

一個和尚問他：「如何肯定？」

雲門回答說：「冬去春來。」

和尚問：「春來有何事？」

雲門回答說：「肩上橫著杖子，不分東西南北，漫步田野中，敲擊殘椿爲樂。」

■人間哲理——自在禪

禪裏面有絕對自由，禪就是生活，我們的生活本來就是絕對自由的。你看：「肩上橫著杖子，不分東西南北，漫步田野中，敲擊殘椿為樂。」自由自在，瀟瀟灑灑，我們為什麼要規定自己這也不可以，那也不允許呢？真是在自尋煩惱啊！

3 惟儼求悟

惟儼禪師初訪石頭希遷，問：「聽說南方有直指人心、見性成佛的禪門宗旨，我弄不明白，希望和尚你慈悲爲懷，指點迷津。」

希遷見惟儼頗有佛家風範，說：「這樣不對，不這樣不對，既這樣又不這樣也不對，你能理解嗎？」

希遷禪師說完，看見惟儼一副迷惘不解的樣子，就對他說：「你是因緣不在這兒，去馬祖大師那兒問一問吧！」

惟儼於是去找馬祖，重提了上次的談話，馬祖內心一樂，說道：「我有時教它揚眉眨眼，有時不教它揚眉眨眼，有時揚眉眨眼的是它，有時揚眉眨眼的不是它，你該怎麼理解。」

惟儼言下大悟，對馬祖說：「在希遷禪師那裏，就好像影子叮鐵牛。」

馬祖當場印可。

人間哲理——白臉與紅臉

希遷的禪機苛刻求實，馬祖的禪機通暢寬泛。仔細追究的話，希遷說的是道與人心的關係，強調你怎麼做都和道沒關係，這裏著重的是心與物的理事關係，馬祖心中明白。他明明白白地對惟儼說，這麼樣、那麼樣都是道的作用，你怎麼做都不會離道，想離也離不開，道就是每人的狀態。一個演紅臉，一個扮白臉，惟儼終於給折騰出來了。這樣看來，馬祖與希遷在當時堪稱一對技藝高超的雙簧。

4 天然騎佛

著名禪師丹霞天然在年輕時一心要求功名，路上碰見禪客對他說：「當官哪裡有當佛好呢？」

天然慧根發動，就前往馬祖那裏去，到了之後，用手推推帽沿，什麼也不說，馬祖打量一會說：「南嶽石頭希遷是你的老師。」

天然就前往希遷處，到了也是手推推帽沿不吭聲，石頭說：「安置到宿舍去吧！」

於是天然幹起了炊事活，共計三年。

有一天，石頭希遷告訴大衆第二天除佛殿前的草。第二天，衆僧都去除草，只有天然用盆水洗了頭，跪到石頭面前。石頭見此情況笑笑，就爲他剃去了頭髮。石頭正待講解戒律，天然卻捂住了耳朵走了出去。

天然剃髮後再次去謁見馬祖禪師，還沒有見禮就跑進僧堂，騎坐在佛塑像的脖子上，衆僧人驚慌忙作一團。馬祖親自走進僧堂，見狀對天然笑道：「我子天然。」

天然馬上下來拜謝說：「感謝老師賜給法號！」

從此就以「天然」爲名。

人間哲理——破齋犯戒

有人問歸仁禪師：「如何把僧人的德行付諸行動？」歸仁禪師回答：「破齋犯戒。」此外，如桂琛禪師說「律身非真解脫」，善本禪師教人「不用無繩而自縛」，都是反對戒律對人的束縛。在解除了束縛以後，「大千世界內，一個自由身」。「天然」就是這樣一位禪師。法號「天然」的意思也是保持天性，自然而然，不要任何人為的束縛。

5 燒佛也能取暖

有一次，丹霞天然禪師在一座佛寺裏穿得很少，時值嚴冬，大雪紛紛，天氣非常寒冷。丹霞禪師就把佛殿上木刻的佛像取下來烤火，結果被寺院裏的糾察師看到了，大聲怒斥：「該死！你怎麼把佛像拿來烤火取暖呢？」

丹霞禪師從容不迫地回答：「我不是烤火，我是在燒取舍利子！」

「胡說！木刻的佛像哪裡有舍利子？」糾察師仍是大聲斥責。

可是，丹霞禪師仍然從容地去取佛像並投入火中，還說：「既然是木頭，沒有舍利子，多拿些來烤火有何妨呢！」

人間哲理——木佛

糾察師所認識的佛像，只是木刻的，而丹霞燒佛要取舍利子，他所認識的佛像才是有靈性的。在丹霞禪師的心目中，我佛如來的法身遍於整個宇宙世界，而不僅僅是佛雕像，對禪師而言，那尊佛像早已超越了形質，宇宙真理那才是我佛法身的整個表徵！

6 丹霞背美女

一次，丹霞禪師和一位同門一起過河，河上的小木橋不知爲什麼被水沖走了。

這時候正好有一位年輕貌美的女子也要過河，她眼看著這流動的河水，一時間不知如何是好。

丹霞禪師二話沒說，就把這個美女背過了河。

事後，同門忍不住問他：「師兄，我們出家人不近女色，你怎麼可以背人家姑娘過河？」

丹霞反問道：「那個女人啊，我早就把她放下了，師弟，你難道還在背著嗎？」

這個同門摸了摸腦袋，愣在那裏，說不出話來。

人間哲理——早已放下

我們到佛教的寺廟去，常常看見一個咧著嘴笑、袒著大肚子坐在那裏的彌勒佛像，這個彌勒佛的原型，就是中國唐朝的著名禪師布袋和尚。彌勒佛的肚子之所以大，正是被酒灌大的。寺廟中有一副對聯盛讚彌勒佛道：「大肚能容，容天下難容之事；開口常笑，笑世間可笑之人。」丹霞禪師背美女正像布袋和尚喝酒一樣，不為戒律所困，這不僅僅是勇氣的問題，而是已到了自由的境界。

色即是空，空即是色

史載，宋朝理學家程顥、程頤兩兄弟，一次同去赴宴。程頤見座中有兩個妓女，立刻拂袖而去，程顥則安然與座中人盡歡而散。

次日，程頤找到程顥，面有怒色，欲興師問罪。

其兄程顥答曰：「某當時在彼與飲，座中有妓，心中原無妓；吾弟今日處齋頭，齋中本無妓，心中卻還有妓。」

人間哲理——了然於心中

《心經》開門見山地說：「色即是空，空即是色，色不異空，空不異色。」

青原惟信說：「當一個人未參禪時，見山是山，見水是水；當他透過良師的教導而見到禪理時，見山不是山，見水也不是水；可是當他真正有個休息處時，見山又是山，見水又是水了。」

蘇東坡在下述一首詩中，也表達了這個觀念——

廬山煙雨浙江潮，
未到千般恨不消。
及至到來無一事，
廬山煙雨浙江潮。

看來還是哥哥程顥，已然達到了「色即是空」的境界啊！

8 梁武帝與達摩

根據《景德傳燈錄》的記載，達摩到中國以後，第一個跟他談話的貴人是當時佛教最大的護法者梁武帝。

梁武帝問達摩：「自我登位以來，建了不少的廟，印了不少的經，也供養了不少和尚與尼姑，你想我的功德有多大？」

達摩坦白地回答說：「沒有任何功德！」

梁武帝奇怪地問：「爲什麼沒有功德？」

於是達摩說了一篇道理來回答：

「所有這些只是一點點對你自己疏漏的補救，仍然是世俗的，好像隨形的影子，看起來像是眞實存在的，實際上還是虛空的。至於眞正的功德，那是純淨智慧，那是圓融和神妙，它的本性是空寂的，這樣的功德是不能用世俗方法做到的。」

於是梁武帝又問：「什麼是聖諦第一義理？」

達摩回答說：「廓然無聖。」

武帝又問：「既然無聖，那麼現在對我說話的人是誰？」

達摩回答說：「我不認識。」

人間哲理——無功德

達摩的回答是相當簡單和明白的，但這位虔誠而博學的佛徒皇帝，卻不能把握達摩態度中的精神，意即佛不是修來的，而是自然的。達摩發現自己對這位皇帝不會再有其他幫助，便離開梁武帝，到了河南嵩山少林寺。據說他整天面壁而坐，如此九年，後來別人便稱為他壁觀婆羅門。

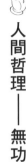

9 閉著眼看

某儒生的家在禪寺隔壁，在學堂裏讀「之乎者也」之餘，也曾有模有樣地學著和尚參禪，因此，在裝了一肚皮學問的同時，心裏也領悟了不少的禪機。而教他們的先生，是個老學究，不苟言笑，整天一副正兒八經的夫子模樣。

一個節日，儒生與三五同窗相約聚會於望江樓。望江樓有美酒佳餚，更有翩翩舞姿，柔柔歌喉的美人坐陪。在街上，他們與先生不期而遇了。於是，先生被他們邀請一同來到望江樓。

先生自然被請入正座。酒過三巡之後，絲竹之聲響起，妙齡舞伎出場了。她將所有的柔情都化作了美妙舞蹈，換來滿堂的喝彩。

非禮勿聽，非禮勿視。先生牢記聖人的教導，緊閉雙眼，規規矩矩，正襟危坐，絲毫不被周圍的喧囂與嬉鬧所動。酒席散後，舞伎來向人們索取酬賞時，儒生將她招了過來，在她耳邊悄悄說了些什麼。於是，歌妓直奔先生而來，屈膝施禮後請他賞銀。

先生拂袖而起，生氣地說：「我根本連正眼都沒看你！」舞伎一把抓住他的衣襟，

按照儒生剛才教給她的話，說道：「睜著眼睛看的倒沒什麼，最多看到外面的衣裳。你閉著眼睛想，那才厲害呢，恐怕什麼事都做了。因此，老先生你必須付雙倍的酬勞。」

人間哲理——自欺欺人

常人是「見色是色」，很容易見色起心，經受不住誘惑；經過儒家道德教養的人則是「見色不是色」，即看見了色也假裝沒看見一樣，以防止誘惑，就像這位老夫子一樣，但這樣做實際上是禁欲，當然是違背人性的；那幫儒生則回到了「見色是色」，看見了就是看見了，不會自欺欺人，這才符合人的自然本性，這才是有最高修養的境界。

10 大小兩碗麵條

從前有一位居士，他到一所有名的禪院去拜訪一位禪師。與禪師見面之後他們談話非常投機，不知不覺已到了午飯時間，禪師便留居士用餐。

侍者爲他們做了兩碗麵條，麵條味道很香，只不過是一碗大一碗小。兩人坐下，禪師看了一下麵條，便將大碗推到居士面前，說：「你吃這個大碗。」

本來按常理居士要謙讓一下，將大碗再推回到禪師面前，表示恭敬。沒想到居士卻看也不看禪師一眼，逕自低頭大吃起來。禪師見狀，雙眉緊鎖，有些不悅。居士並未察覺，一個人吃得津津有味。

等他吃完，抬頭卻見禪師的碗筷絲毫未動，於是笑問：「師父爲何不吃？」

禪師歎了一口氣，一言不發。

居士又笑著說：「師父生我的氣了？嫌我不懂禮儀，只顧自己狼吞虎嚥？」

禪師沒有答話，只是又歎了一口氣。

居士接著問道：「請問禪師，我們如此推來讓去，目的是什麼？」

「讓對方吃大碗。」禪師終於答話了。

「這就對了，讓對方吃大碗是最終目的。那麼如您所想，爭相推來讓去，何時將麵條吃下肚去？我將大碗麵條吃了下去，您心中不悅，難道您謙讓的目的不是眞心？你吃是吃，我吃也是吃，如此推來讓去又有什麼意義呢？」

禪師聽完居士的一番話，心中頓悟。

人間哲理——真心

佛門有許多清規禮儀，一些修煉層次不高的僧人們，往往會在這些清規禮儀前裹足不前，結果修行毫無長進，上面這位禪師就是。其實，禪宗的目的並不是要讓這些禮節束縛人的手腳，而是要我們灑脫自在。

11 佛的金身

宋朝時，從中國留學回到日本的榮西禪師，四處籌募經費，開始蓋日本的第一座禪寺。禪寺即將完成，只剩下爲佛像裝金身的工作了。

寺院把僅存的經費買了黃金，打成薄薄的金箔，準備貼鑲在佛像的身上。

就在準備裝金身的前一個夜晚，外面天氣格外寒冷，突然有一個形容憔悴的男人跑到寺廟。

他跪在地上對榮西禪師說：「我們一家現在已饑寒交迫，懇請老師幫助我們，我實在已沒有辦法了。」

榮西禪師聽了，開始很爲難，就極力想拯救他們的辦法。忽然看見用來塗如來佛像的金箔，心中一喜，就對他說：「把這些金箔拿去應急吧！」

當時，門徒們很驚訝，顯得很可惜的樣子，問：「師父，多可惜啊！你怎麼可以這樣做呢？」

榮西禪師從容地開示他們道：「我只不過在實行慈悲心而已。所謂佛的慈悲心，就是大慈大悲之心。如果佛看見這些可憐的人，即使捨身也會幫助他們。若我因此而入地獄，我也沒有什麼後悔的。你們想想看，你們到底是爲什麼而修行呢？」

門徒們聽了，嘆服不已。

一次，榮西禪師所在的寺裏缺糧，每個人都在忍饑挨餓。正好，有一個人向禪師施捨了兩匹綢子。禪師很高興地帶回寺裏，對大家說：「這兩匹綢子就會變成明早的稀飯了，我們眞是要感謝那個施主！」

正當大家高興之際，有個衣衫破爛的男人跑進寺來，請求道：「我沒有路可走了，你們看，我連一件像樣的衣服也沒有。能否把這兩匹綢子施捨給我呢？」

禪師二話沒說，就給了他。

這次他又開示門徒道：「大家都是來求佛法的，如果自己忍受饑餓的痛苦，而能挽救災難中的人們，還不正是我們長久以來的心願嗎？」衆弟子皆點頭稱是。

人間哲理——慈悲心

榮西禪師說得對，佛是慈悲的，我們敬佛，不是說僅僅是對佛敬重，更重要的是要學佛，像佛那樣有一顆慈悲的心。如果一方面對佛頂禮膜拜，另一方面，對他人的生死冷暖置之不理，那就不是真正信佛敬佛，因為他根本沒有一顆慈悲心。

12 不拜佛祖

禪宗達摩祖師的墳墓在現在河南省熊耳山的吳坡。自古相傳，凡是禪師一生之中必須到這裏來參拜一次。有位禪僧從來沒見過達摩祖師的面，但是他卻甘願爲達摩祖師終身守墓。唐代宗時，這座達摩祖師的墳墓曾賜「圓覺大師空觀之塔」的封號，所以大家

稱這位守墓的禪僧爲塔主。

有一次，達摩祖師的第十一代傳人，譽滿天下的臨濟禪師來到達摩祖師的墓邊。塔主與他見面後就問：「請問長老，您法駕光臨，請問您是先禮佛呢？還是先禮祖呢？」

臨濟禪師說：「我來到這裏的目的，既不是禮佛也不是拜祖！」

塔主聽後不解地問：「請問大德，難道佛陀與祖師同你有什麼冤仇嗎？」

臨濟禪師一聽這話，反問說：「您替佛陀與祖師這麼講話，佛陀與祖師有什麼恩惠給你嗎？」

塔主一聽，茫然不知如何回答。過了許久，塔主問：「那我該怎樣自處呢？」

臨濟禪師開示：「泯滅恩仇，體會禪法平等，才能見到祖師的本來面目。」

塔主豁然領悟。

人間哲理——與佛祖打成一片

臨濟禪師得法於黃檗禪師，黃檗的「不著佛求，不著法求，不著僧求」的禪境，臨濟一定深有領悟。這回見到達摩祖師的塔墓，以至尊的無求之禮，契入祖心，而塔主卻不明白，用存有差別的看法，問先禮佛或者先禮祖，臨濟禪師不是佛與祖均不禮，而是自性中的佛與祖早就打成一片了，所謂佛與祖已無分無別，何必妄加揣測什麼恩仇呢？

13 逢佛殺佛，逢祖殺祖

一次，臨濟上堂講法，語出驚人：「佛教的十二部經典，是擦屁股的舊草紙；佛是虛幻之身；祖師達摩只是一個老和尚。」

見有的和尚大驚失色，他不慌不忙地解釋道：「佛祖跟我們一樣都是爹娘生養的，有生有死。你想成佛，就被佛魔抓住；你想求祖，就被祖魔抓住。如果有所求，都是苦事，還不如無所求。」

最後他又說：「你們如果想得到佛法，就不要受人拘禁和迷惑。向裏向外，應該逢著便殺，逢佛殺佛，逢祖殺祖，遇到羅漢就殺羅漢，遇到父母就殺父母，這樣才能不拘泥於物相，眞正解脫。」

人間哲理——不執迷

臨濟禪師，因長住山西臨濟院而得名。他開創了「臨濟宗」，在中唐以後這種宗派很興盛。臨濟宗的特點就是「機鋒峻烈」，敢於「喝佛罵祖」，反對權威和經典。這裏的「殺」，不是教人殺人犯罪，而是從心裏面袪除、傲視的意思。不迷信於祖師，不束縛於權威，正是這樣才產生了一代又一代的祖師和權威。不迷信，才能不盲從；不執著，才能求著自身；自身是禪，也是佛。

14 智常斬蛇

有一個學僧仰慕智常禪師的道行，專門到他的道場來學習。

有一天，學僧跟隨智常禪師一起鋤草，茂密的草叢中突然躥出一條蛇。禪師毫不猶豫，舉起鋤頭便砍。學僧心想：出家人以慈悲爲懷，怎麼能夠輕易殺生呢？但是禪師卻若無其事地繼續除草，學僧忍不住譏諷禪師說道：「這裏慈悲的道風遠近聞名，原來是欺世盜名！我在這裏親眼看到的卻只是一個粗魯的俗人。」

智常禪師不高興地質問道：「出家人像你這麼說話！是你粗，還是我粗？」

學僧仍不高興地頂撞道：「什麼是粗？」

智常禪師放下鋤頭，直視著學僧。

學僧以爲考住了禪師，又得意地追問道：「什麼是細？」

禪師舉起鋤頭，重複了斬蛇的姿勢。

學僧莫名其妙地說：「你說的粗細，到底什麼意思？我想誰也看不懂！」

智常禪師岔開話題道：「聽不懂？那就先不說它。請問你在什麼地方、什麼時候看見我斬蛇？」

學僧心想這老頭子居然想要賴，馬上毫不客氣地說：「此時此刻。」

智常禪師用訓誡的口氣說道：「你『此時此刻』看不到自己，卻反而看到斬蛇做什麼？」

學僧頓時醒悟過來，急忙向禪師道歉。

人間哲理——執於表相

殺生確實是佛門根本大戒，但智常斬蛇，到底斬了沒有呢？也許可能只是做了一個「斬」的姿勢，目的在於斬斷學僧對物欲的執著，考驗學僧的心性。學僧見風即雨，執著於表相，所以反而遭到批評。

15 踩死了蛤蟆

從前有一個持戒僧，他一生嚴格持戒，絲毫不敢對自己放鬆。

一天他下山有事，回來時天色已晚，又無月光，持戒僧匆匆忙忙趕回寺中，路過池塘之時，突然感覺腳下軟綿綿的好像踩著了什麼東西，並且還聽到吱哇一聲，可天色漆黑如墨，跟本就看不清地面。

聽到那東西發出了痛苦的叫聲，持僧心想：壞了，別是踩死了一隻蛤蟆吧？在池塘邊，軟綿綿的，還發出了叫聲，沒錯，肯定是一隻蛤蟆。說不定蛤蟆肚裏還有好多崽。天吶！我這回可是殺生無數了！

持戒僧越想越害怕，晚上躺在床上翻來覆去，久久無法入睡。

後來，持戒僧迷迷糊糊睡著了，恍惚之中突然看到數百隻蛤蟆前來索命，他嚇得滿頭大汗，大叫一聲醒了過來，原來是做了一場噩夢。

好不容易等到了天亮，持戒僧急忙來到事發地點。哪裡有什麼死蛤蟆？只不過是一隻被踩爛的老茄子躺在池塘邊。持戒僧這才長吁了一口氣，終於放下心來。

人間哲理——杯弓蛇影

大凡修行，必須忘卻情念，滯則定會自找苦頭。那持戒僧夜間所踩的，是蛤蟆還是老茄子？如果說是蛤蟆，天亮了一看卻是老茄子；如果說是老茄子，天沒亮的時候卻以為是踩死了母蛤蟆。誰能說清究竟是什麼？

16 無聲驚雷

春色正濃，溈山禪師在方丈室剛剛靜坐完一支香。侍者敲門道：「稟告師父，五臺山的師叔公來了。」

溈山一聽五台隱峰法師駕臨，深知這位禪師向來直心直行，藐視世間禮法規約，不敢怠慢，忙起身披搭袈裟，吩咐僧眾穿戴整齊，出門迎接。

一切儀式準備就緒，溈山在侍者陪伴下到達法堂，只見隱峰師叔的行李正攤放在上座位置上，包袱完全打開了，東西散放得到處都是。溈山略有些尷尬，正欲上前施禮。

隱峰直起身來，當眾解開衣衫，舒展手腳，自自在在地躺了下來，眉開眼笑，一句話也未說。

他全身舒舒坦坦地躺在那兒，似乎瞧不見大家，手腳已完全散開，彷彿月光下的睡蓮，又彷彿捉摸不定的浮雲。

好一會兒，溈山終於發現了自己渾身都是束縛和執著，於是默默走開，退回了方丈室，繼續靜坐禪思。

隱峰哈哈大笑，收拾行李向僧衆擺擺手，也瀟瀟灑灑地走了。

一個時辰已經過去了，溈山開門問侍者：「師叔還在嗎？」

「已經走了。」

「走前說過什麼話嗎？」

「沒有呀，師叔什麼也沒說。」

溈山禪師眼光一凝：「莫道沒有說話，那聲音像雷聲一樣驚人！」

人間哲理——修行的道理

師叔來訪，起身迎接也就是了，還非得搞個禮節儀式，把難得相見的好情緒包裹起來，人為地束縛了人的身心和手腳。這對於向來反對世間禮法約束的隱峰禪師來說當然是無法接受的，於是，他只好就地躺倒，舒展手腳。他是在以自己的行為告訴自己的師侄們修行的道理。

17 四大皆空

有一天，佛印和尚登壇講禪。

蘇東坡聽到這個消息後，也匆匆地趕來參加。可是，他趕到的時候，座位中已經坐滿了信衆，沒有空位了。

就在這個時候，佛印一看到了蘇東坡，就笑著說：「人都坐滿了，這裏已經沒有學士您坐的地方了。」

蘇東坡一向好禪，馬上針鋒相對地回答佛印說：「既然這裏沒有坐的地方，那我就把禪師您四大五蘊（四大即地、水、火、風四大元素，五蘊即色、受、想、行、識）的身體當座位。」

佛印看到蘇東坡與他論禪，於是說：「學士！我有一個問題問您，如果您能夠回答出來，那麼我老和尚的身體就當你的座位；如果你回答不出來，那麼你身上的玉帶就要留給本寺，作爲紀念了。」

蘇東坡一向自命不凡，於是就答應了。

佛印禪師就說：「四大皆空，五蘊本無，請問學士要坐哪裡呢？」蘇東坡不知怎麼應對，竟然一時語塞了。

人間哲理——不能安坐

按照禪學的理論，我們的色身是由地水火風「四大」或由色（肉體）、想（思想）、受（感情）、行（意志）和識（靈魂）「五蘊」合成的，但沒有一樣是實在的，不能安坐在這裏，蘇東坡的玉帶因此輸給佛印。聽說那修玉帶到現在還留存在金山寺哩！

18 寒山與拾得

寒山總是神龍見首不見尾，來去無蹤，神祕莫測；而拾得整天在國清寺裏做雜役，言談舉止頗爲奇特。一日，拾得正在掃地，寺主（當家師）問他：「你名叫拾得，是因爲豐幹將你拾回來的。你究竟姓什麼？」

拾得放下掃帚，叉手而立。

寺主不悟，再次問道：「你究竟姓個什麼呢？」

拾得拎起掃帚，掃地而去。

一旁的寒山卻捶胸頓足地痛哭起來：「老天爺，老天爺！」

拾得問他：「怎麼啦？」

他說：「你沒見過東家死人，西家助哀。」

拾得旁若無人地吟唱道——

　從來是拾得，不是偶然稱。
　別無親眷屬，寒山是我兄。
　兩人心相似，誰能徇俗情。
　若問年多少？黃河幾度清。

有一天，寒山問拾得：「人家謗我、欺我、辱我、笑我、輕我、矇騙我的時候，應該如何應對？」

拾得回答說：「只可忍他、由他、避他、耐他、敬他、不要理他。」

寺院每半月重溫一次戒律，以警戒僧眾。有一次，國清寺照例誦戒時，拾得卻將一群水牛趕到了堂前，自己倚在門框上撫掌大笑。

住持和尚憤怒地呵斥他：「你這個瘋子，破了我說戒！」

拾得說：「無嗔即是戒，心淨即出家。」說著，他竟然對著牛群呼喊起一些名字來，而那些名字都是寺院裏已經過世的僧人的法號。

更不可思議的是，牛居然應聲而鳴。拾得說道——

前生不持戒，人面而畜心。
汝今招此報，怨恨於何人？
佛力雖然大，汝辜於佛恩。

一堂僧人見此情形，個個冷汗如雨，毛骨悚然。試想，誰還敢犯戒呢！

——拾得說戒，可謂活靈活現，驚心動魄。

拾得在廚房幹活時，發現晾曬的米麵經常被鳥雀啄食，而且還在上面留下鳥屎。拾得不去趕鳥，而是拎著禪杖來到伽藍殿——寺院供奉護法神的地方。他一邊棒打那些神像，一邊罵它們：「你們這些飯桶，白白享受香火，連糧食都不能看護，怎麼能保護寺院呢！」

人間哲理——棒打神像

姓名，不過是個記號，悟到佛性，才是自己的本來面目，所以拾得不以言語回答，而是以禪機開示寺主。可惜，寺主卻是個門外漢，眼看大好禪機白白錯過，怎不叫人痛心疾首呢？寒山於是痛哭。

鳥雀糟蹋糧食，拾得卻棒打神像。忍俊不禁的同時，我們也自然會思考：若是被我們虔誠供奉著的「神像」們，不能保一方平安，又有何用？禪僧從來就不相信神靈，他們唯一相信的是自己——只有自己才能掌握自己的命運。

19 逢場作戲

在杭州，蘇東坡有一位禪友——大通禪師。大通禪師持戒精嚴，一絲不苟。一年春天，正是桃李爛漫季節，西湖鶯歌燕舞之時，大通禪師的房門被輕輕敲響。他剛剛打開門，一群濃妝豔抹、花枝招展的漂亮歌妓湧了進來。

正當他莫名其妙、發呆發愣時，一張壞笑的臉露了出來，是東坡居士。清淨禪房竟然成了放浪的歡場，大通禪師豈能不慍形於色！

東坡才不管這些呢，他拿出自己事先撰寫好的詞稿，令妓女們撫琴歌之——

師唱誰家曲，宗風嗣阿誰？

這些禪客之間的機鋒問答，現在卻由忸怩作態的歌女月嬌聲浪語唱出來，眞是滑天下之大稽！大通禪師哭笑不得，面色陰得能擰出水來了。

東坡見狀，又輕鬆吟出——

借君拍板及鬧槌，我也逢場作戲，莫相疑。

拍板也就是禪板，它及鬧槌一樣，都是禪師平時接引學僧領悟禪機的道具。也可以說，心明眼亮的師父，爲了啓發弟子開悟，種種演示都是逢場作戲。現在，這唱詞亦在表明，東坡的攜妓來訪，也不過是逢場作戲而已！

大通忽然有所醒悟：自己爲此起心動念、嗔恨煩惱，亦是一種執著啊！

大通禪師對著東坡雙手合十，說道：「居士禪悟靈透，老衲自愧弗如。」

東坡哈哈大笑，手指從琴弦上滑過，在一串叮叮咚咚的琴聲中，他吟誦出了一首千年來最爲著名的喻禪之詩——

若言弦上有琴聲，放在匣中何不鳴？
若言聲在指頭上，何不於君指上聽？

人間哲理——蘇東坡的禪味

東坡說禪亦莊亦諧，新鮮水靈，生動活潑，可說是深得禪的「遊戲三昧」。

水垢何曾相受，細看兩俱無有。寄語揩背人，盡日勞君揮肘。輕手，輕手！居士本來無垢。

水，很是清靈乾淨，而泥垢，自然污濁不堪。然而，以禪的境界看來，水淨也好，垢汙亦罷，本性皆空，所以東坡說它們「兩俱無有」。自性本來清靜，因此，揩背的人（譬喻修行）盡可以「輕手」了。

20 東坡與妓女

一次，蘇東坡與友人暢遊西湖。文人雅士相聚，自然要招妓歌舞助興。他發現，其中一個名叫「琴操」的妓女清新脫俗，卓爾不群。她雖然身陷風塵，卻猶如獨立於高山之巔、大川之畔。東坡十分驚奇，再三詢問，得知琴操是會稽人，原姓任。因幼年父母雙亡，不幸淪爲妓女。東坡嘗試以佛法引導她。沒想到，這琴操宿具善根，竟然能一聞千悟，佛法禪要猶如舊時功課。

一日，東坡乘她所在的花船遊湖，指著西湖問道：「何謂湖中景？」琴操是個聰明女子，知道東坡居士是在叩問禪機，馬上隨口答道：「落霞與孤鶩齊飛，秋水共長天一色。」

「何謂景中人？」東坡再問。

琴操在他的激揚下，禪興勃發，禪機凜然，又脫口而出，說道：「裙拖六幅湘江水，髻挽巫山一段雲。」

「何爲人中景？」

「金勒馬嘶芳草地，玉樓人醉杏花天。」

東坡繼續問道：「究竟如何？」

「門前冷落車馬稀，老大嫁作商人婦。」

話語出口，琴操豁然有悟。她向東坡居士深深道個萬福，丟琴棄船，飄然而去。當日便削髮爲尼，法名勤超。她潛身自修，根器猛利，不久即深契玄旨，大澈大悟了。

人間哲理——飛鴻踏雪泥

仕途坎坷的心酸已然使東坡居士灑脫豪放。他已經明白了自己的本來面目，因此動靜一如，萬法平等。在他的心靈感覺中，禍福苦樂，榮辱貴賤，只是相對而言，只是不同的感覺而已。不以物喜，不以己悲！

人生到處知似何？應似飛鴻踏雪泥。
泥土偶然留指爪，鴻飛那復計東西。

21 「玉板」禪師

東坡被發配到惠州時，結識了禪友劉世安。劉世安知道他與叢林之中那些著名的禪師多有來往，就請他接引，也想結識一些精通佛法、功行深厚的禪師，以便隨時請教。一天雨後，東坡居士前來邀請劉世安，說是共同去參謁玉板禪師。東坡還說，玉板禪師不但善於演示佛法眞諦，而且能拯救人的性命。

劉世安聽他說得神乎其神，就樂顛顛地跟隨他來到城外的一座寺院。然而，東坡既不進講經說禪的法堂，也不到高僧居住的方丈，而是將他帶到了寺院後面的竹林之中。春雨過後，正是竹筍破土時。東坡採來鮮嫩的春筍，剖成薄片，在火上燒著吃。

劉世安從未吃過如此美食，便向有美食家之稱的東坡請教這道佳餚的名稱。東坡大笑，指著顏色像美玉一樣溫潤、質地像玉石一樣細膩的筍片說：「此名玉板。此老不但將自然法則演示得惟妙惟肖、生動活潑，而且能裹人口腹，解饞充饑。」

這時，劉世安才知道，東坡所說的「玉板」禪師，即是鮮嫩的竹筍。

東坡見他不解其中奧妙，面露失望之色，便以詩意說禪機，吟誦道——

叢林真百丈，法嗣有橫枝。
不怕石頭路，來參玉板師。
聊憑柏樹子，與問鑵龍兒。
瓦礫猶能說，此君那不知？

「叢林眞百丈」——百丈懷海大師有言：「一日不作，一日不食。」他開禪宗叢林「勞作即禪修」之先河，讓弟子們在日常生活中領悟禪的眞諦。所以，吃竹筍，也能領悟禪機啊！

「不怕石頭路」——馬祖道一在評價石頭希遷祖師的禪法時說：「石頭路滑」。因爲，石頭祖師的禪法如丹鳳鳴於九霄，鮮有知音。同樣，雨後春筍亦蘊藏著奇妙的禪機，何人能夠解讀？

「聊憑柏樹子」——有禪僧向趙州從諗大師請教：「如何是達摩祖師的禪要？」老趙州指著大殿前的柏樹說：「庭前柏樹子。」這就是說，草木之中，也自然而然蘊含禪的奧祕。

「瓦礫猶能說」——以智慧著稱的文殊菩薩說：「牆壁瓦礫亦能講說佛法。」六祖的弟子、南陽慧忠國師曾有「無情說法」的妙論。花草樹木，石頭瓦礫，日月星辰，鳥

啼蟲鳴，無不是法，無不是禪！古往今來，有多少偉大禪師，就是從大自然呈現的禪機中領悟到了佛法的眞諦，從而明心見性，大澈大悟。

人間哲理——生活就是禪

蘇東坡一生多次被貶，甚至坐過大牢，差點將小命丟掉。然而，他對自己的榮辱、得失很豁達，這與他得益於禪的領悟不無關係。自他修禪開悟之後，沉浮不傷其情，苦樂不動其心。他在連連遭到貶配之時，還是那麼的超然灑脫——

心似已灰之木，身似不繫之舟。

問汝平生功業，黃州惠州瓊州。

22 石頭路滑

所謂「石頭路滑」，是馬祖道一對希遷的讚歎之辭。

有一次，馬祖弟子鄧隱峰說要去參訪希遷禪師，向馬祖告辭時，馬祖告誡他道：「石頭路滑。」他的意思是石頭希遷這個人可是很機靈的。

可隱峰滿不在乎地說：「我此去不過是隨機應變，逢場作戲罷了！老師你不必擔心。」說完就離開了。

剛到希遷的禪室，隱峰就擺起架式繞希遷的禪床走了一圈，振動錫杖「鏗鏗」作響，問：「這是什麼意旨？」

石頭馬上說：「蒼天！蒼天！」

隱峰本準備問石頭希遷個措手不及，誰知希遷一腳把球給撥了回來，倒弄得隱峰不知說什麼好，只得頹然回到馬祖身邊，向馬祖彙報了此行經過。

馬祖笑著說：「你再去一次，他若對你叫蒼天，你便噓他。」

隱峰又回到希遷身邊重複上次動作，問：「這是什麼意旨？」

石頭立即對隱峰「噓」了兩聲，隱峰又無話可對。

回來後，馬祖禪師說：「早警告過你，石頭路滑！」

人間哲理——石頭希遷

這則公案中，隱峰禪師雖知禪機應對應該靈活機動，但畢竟把禪看得太崇高了些，待到石頭對他叫兩聲「蒼天」，馬上打破了他原有思路。可見隱峰當時的境界，只是理悟，尚未在隨處是道、理事圓融的地步，所以原有思路一破，就再也沒有底氣了。

23 馬祖可像木柴

希遷有一回對馬祖的另一弟子教訓得更凶。這位僧人因在馬祖門下參悟，有了點心得，就去參訪希遷。希遷問：「你是從什麼地方來的？」

僧人答道：「從江西來。」

「見著馬祖大師了吧？」

僧人答：「見到了。」

希遷一指地上的木柴：「馬大師可像這個？」

僧人不知所措。

回到馬祖處，馬祖問：「你看到的那根柴有多大？」

僧人說：「無限大。」

馬祖笑道：「你可眞有力氣呀！」

僧人問：「這話怎麼講？」

馬祖笑著說：「你從老遠背了一根大柴回來，力氣還小麼？」

人間哲理——放不下木柴

希遷以「馬祖可像木柴」考僧人對於眾生世界的關係理解得如何。僧人回來後卻對於木柴耿耿於懷，實際上抱住了希遷的問題不放，用力用錯了方向，馬祖輕輕一語道破，還是任運自然即可，理事關係也只有在平常心中才能領悟。淡淡幾言如兵來將往，把石頭凌厲的攻勢化解開去。

24 如何是祖師西來意

有學人問希遷：「如何是達摩祖師西來的意旨？」

希遷回答：「去問柱子好了。」

學人說：「學生領會不了。」

希遷說：「我更是不領會。」

人間哲理——似知而非

希遷的禪法空泛靈活，不可捉摸，但也有慣用的手法，那就是做徹頭徹尾的否定，連自己也不故作高明。大致而言，初學禪宗之人常以為佛法真是有那麼一個東西在那兒，所以產生了得證的欲望。希遷對此心態瞭若指掌，乾脆說自己也不知。事實上，確是不知，如果知道一些，那在希遷的禪法中就是妄執了。似知非知，禪宗的奧妙之處沒那麼容易表達。

25「如果舉掃帚呢？」

石頭後世弟子羅漢桂琛以幽默著稱。

桂琛看見僧人來，舉起拂子問：「可領會麼？」

僧人說：「感謝大師慈悲接渡。」

桂琛笑一笑問：「看見我舉拂子就說旨示了你，你每天看見山水人事，哪個不是在指點你呢。」

不一會，又一僧人過來，桂琛又舉起拂子，僧人邊讚歎邊禮拜，桂琛揶揄道：「看見我舉拂子就禮拜讚歎，那如果舉掃帚呢？」

人間哲理——返觀自性

把佛法當成一件具體的事追求的人真是不計其數，桂琛的意思無非是要教導人們返觀自性。

26 別以為我會佛法

有學僧前來請教石頭的親傳弟子天皇道悟：「什麼是玄妙的禪法？」

道悟臉上一片漠然：「別以爲我會佛法！」

學僧緊追：「那麼學生疑惑怎麼辦？」

道悟說：「何不問老和尚？」

學僧說：「我已問了。」

道悟便把學僧趕了出來。

人間哲理——煩惱即菩提

佛法就在生活中。天皇道悟「不會佛法」，也就是說要我們不離生活去悟道。生活是什麼？生活有歡樂，也有煩惱，沒有煩惱就沒有生活。神會禪師說「煩惱即菩提」——有煩惱才能尋求對佛教真理的覺悟，而不讓煩惱攪擾了本原清淨心。本明禪師的偈語說：「不識煩惱是菩提，若隨煩惱是愚癡。」

27 打破茶杯撿起來

有個學僧去拜訪越溪禪師，問：「禪師！我研究禪學二十年，但對於禪道卻一竅不通，你能指示我一些嗎？」

越溪禪師並不開口，只是迎面打了他一巴掌，嚇得學僧奪門而出，心想：眞是莫名其妙，我一定要找他理論。正在生氣的學僧在法堂外碰到首座老禪師，老禪師看他一臉怒相就和藹地問道：「出了什麼事嗎？到我那裏去喝杯茶吧！求道的人有什麼事值得生氣呢？」

學僧一邊喝茶，一邊開始抱怨越溪禪師無緣無故打他。當學僧這麼一說時，冷不防老禪師立即揮手也打了他一巴掌，手上的茶杯嘩啦一聲掉在地上。

老禪師說：「剛才你說已懂得佛法禪學，只差一些禪道，現在，我就用禪道供養你了。你知道什麼是禪道了嗎？」

學僧愣得目瞪口呆，不知怎樣回答。老禪師又追問一次，學僧始終答不出來，老禪師說：「眞不好意思，就讓你看看我們的禪道吧！」

說著，就把打碎的茶杯撿起來，然後拿起抹布，把剛才灑了一地的茶水擦乾，接著又說：「除了這些以外，還有什麼禪道呢？」

學僧終於體悟，「禪道」即在身邊！

人間哲理——別被煩惱所擺佈

這個學僧因為不明禪道而煩惱，又因為被師父打而煩惱。「須知煩惱處，悟得即菩提」。也就是說，人生在煩惱之中，要像蓮花出污泥而不染一樣，當煩惱襲來的時候，千萬不要為煩惱所擺佈，而要善自寬解，善於自我安慰，只要能把身外之物看作是虛幻的，也就保持了自己內心的寧靜而不失其本原清淨之心；反過來又可以說，正像污泥中可以生長出蓮花一樣，煩惱中也可以使人產生對佛教真理的覺悟，而能「隨所住處恒安樂」。

28 金錢也是好東西

月船禪師是位善於繪畫的高手，可是他每次作畫前，堅持購買者先行付款，否則決不動筆，對於這種作風，有些社會人士私下經常有微詞批評。

有一天，有一位女士請月船禪師幫她作一幅畫，月船禪師就先問道：「你能付多少酬勞呢？」

那位女子回答說：「你要多少我就付多少！但我要你到我家去當衆揮毫潑墨！」

月船禪師允諾跟著前往，原來那女子家中正在宴請客人，月船禪師用上好的毛筆爲她作畫，畫成之後，拿了酬勞正想離開。那位女士就對席間的客人說：「這位畫家只知道要錢，他的畫雖畫得很好，但心地骯髒，出於這種污穢心靈的作品是不宜掛在客廳的，它只能裝飾我的一條裙子。」

女士說著便將自己穿的一條裙子脫下，要月船禪師在它上面作畫。

月船禪師問：「你出多少錢啊？」

女士回答：「哦，隨便你要多少我都給你。」

月船禪師開了一個特別昂貴的價格，然後依照那位女士要求畫了一幅畫，畫完立即離開。

很多人懷疑，爲什麼只要有錢就好？受到任何侮辱都無所謂的月船禪師，心裏是怎麼想的呢？

原來，在月船禪師居住的地方常發生災荒，富人不肯出錢救助窮人，因此他建了一座倉庫，貯存稻穀以供賑濟災民。又因爲他的師父生前發過誓願建一座禪寺，但卻不幸其志未成而身亡，月船禪師要完成老人家的志願。

當月船禪師完成其願望後，立即拋棄畫筆，退隱山林，從此不再作畫。他只說了這樣的話：「畫虎畫皮難畫骨，畫人畫面難畫心。」

人間哲理——月船禪師的修行

錢，不一定骯髒，要看它是怎麼來的，用在哪裡。像月船禪師，以自己的藝術作品，不計毀譽地求取錢財，但他是為救人救世，這錢很乾淨，很高尚；心，不一定清高，儘管有些人會故作清高。像那位女財主，似乎視金錢如糞土，但她恰恰俗不可耐，以為拿金錢可以買到一切。

29 多滋多味

有一天，禪院外面的路邊幾個賣小吃的小商販一直沒有生意。

要到中午的時候，賣烤餅的人已烤好一大疊餅，反正也賣不出去，感覺有些餓，就吃一塊自己烤的餅。賣西瓜的人坐著無聊，也敲開了一個西瓜吃起來。賣辣香豆干的人也忍耐不住，開始吃起辣香豆干來。賣楊梅的人也只好吃自己的楊梅。

雨一直下個不停，四個小商販就這樣一直吃著自己要賣的東西。

可是，賣楊梅的吃得酸倒牙，賣辣香豆干的吃得辣麻了，賣烤餅的吃得渴極了，賣西瓜的吃得肚子發脹。

就在這時，從雨中緩緩走過來一個年輕的小和尚，他從四個小販手中將這四樣東西都買齊了，然後坐在附近的亭子裏。只見他拿起那些食物，有香的有辣的有酸的有甜的，一番狼吞虎嚥地吃將起來，看樣子味道好極了。

四個小商販看得紛紛留下了口水，面面相覷，唏噓連聲。

可是，忽然傳來了一陣呵斥聲：「慧生，你師弟哪裡去了？」聽起來是一位老師傅

的聲音。

「師傅，剛才慧生師弟看到門外幾個小商販，說是教化他們去了。」一個年輕的和尚回答。

過了一會兒，亭子裏的小和尚起身離去了。再看那四個小商販，他們已經在相互吃著各自的東西了，而且感到很甜美很開心。而那位小和尚卻在唱經閣開始參禪打坐了。

人間哲理——生活的滋味

生活有多種滋味，香甜酸辣都包含其中，長期品味一種生活終究會厭倦，只有體會生活的多種滋味，才活得開心愉快啊！

30 自由是最大的幸福

從前，有一個討飯的乞丐，白天四處討飯，晚上隨便找個破廟去睡覺。可是他的兒子卻經商發大財，家裏相當富有。因此，有很多人就罵他的兒子不孝，當著他的面說：「你們家那麼有錢，可是你家的老太爺卻在外面討飯！你也忍心嗎？」

那個兒子被人家說得面子十分過不去。於是，他派人到處去找自己的父親回家。最後，果然找到了。等到老人回家之後，給他做新衣服，做好吃的東西來供養他。

可是，沒過一個月，老先生趁沒人注意的時候，又跑出去討飯了。

人家問他：「你有福爲什麼不願意享受，爲什麼喜歡四處乞討啊？」

老人說：「討飯自在！無憂無慮，無牽無掛，天天遊山玩水，到處有得吃，有地方住，逍遙自在，沒有拘束。可是回去被家裏的兒子供養得很不自在，樣樣不自由啊！」

人間哲理——乞丐是王者

自由的乞丐比囚禁的國王幸福，自由是所有幸福當中最寶貴的東西。自由就是如此稀鬆平常，身在自由中的人，對自由就像對空氣一樣，並不感到特別珍貴。但是，一旦失去了自由，才會感到自由真的是所有幸福中最寶貴的東西。

31 但求身心灑脫

唐朝，一個隱居在湖南南嶽岩洞裏的懶瓚禪師寫了一首詩——

世事悠悠，不如山丘；臥藤蘿下，塊石枕頭；

不朝天子，豈羨王侯？生死無慮，更復何憂？

後來這首詩傳到唐德宗的耳朵裏，德宗很想見識這位禪師，就派大臣去迎請禪師。大臣找到那個岩洞，正好瞧見禪師在洞裏喝酒。

大臣在洞口大聲呼叫：「聖旨駕到，趕快下跪接旨。」

但懶瓚禪師卻裝聾作啞絲毫不理睬。

大臣探頭看去，只見禪師用牛糞生火，爐上燒的是地瓜，洞裏洞外煙霧繚繞，熏得禪師直流鼻涕，侍衛忍不住對他大聲叫道：「喂！禪師，你的鼻涕流下來了，怎麼不擦一擦呢？」

懶瓚禪師頭也不回地答道：「我才沒有空閒爲俗人擦拭鼻涕呢！」隨即夾起炙熱的

地瓜往嘴裏送，並連聲說道：「好吃！好吃！」

大臣見狀，驚奇得目瞪口呆。禪師還順手撿了兩塊遞給大臣，並說道：「請趁熱吃吧！三界唯心，萬法唯識，貧富貴賤，生熟軟硬，心田識海中不要把他們分在兩邊。」

禪師這些奇異的舉動和難懂的佛法令大臣不敢回答，只好趕回朝廷，如實報告皇上。德宗聽了感慨地說：「國家有這樣的禪師，真是大家的福分啊！」

人間哲理——生活態度

出家人中，有人間的僧人，也有獨居的僧人。人間僧人弘法利生，服務社會；獨居僧人深山岩穴，清淨修道。有些人間僧人是人在紅塵，但心在山林；有些獨居僧人是人在道場，但心在世俗。無論怎樣的僧人，都有一個共同點，那就是：大千世界內，一個自由身。

32 骷髏頭也可以盛粥

文道禪師是個雲遊僧，他十分敬仰慧薰禪師的道風。所以，他跋山涉水、不遠千里來到慧薰禪師居住的洞窟。

文道禪師在洞窟前對慧薰禪師說：「在下一向仰慕禪師您的高尚風格，今天專程來拜訪您，請禪師慈悲開示！」

由於天色已經很晚，慧薰禪師就說：「今天太陽落山了，你就在這裏住一宿吧！」

第二天，等文道禪師一覺醒來時，慧薰禪師早就已經起來了，並且已經把早飯煮好了。用餐時，洞中並沒有多餘的碗可給文道禪師用餐，慧薰禪師就隨手在洞外拿了一個骷髏頭，盛粥給文道禪師。

文道禪師十分驚訝，躊躇得不知是否該接時，慧薰禪師說：「你並沒有道心，不是眞正爲求禪理而來，你以乾淨污穢和憎恨愛慕的虛妄情感處事接物，這樣怎麼能獲得禪理呢？」

人間哲理——慧薰禪師說法

善惡、是非、得失、淨穢，這是從有分別的心理所認識的世界，但真正的禪理，不思善、不思惡、不在淨、不在穢，所以，文道禪師的憎愛觀念，拒受感情，當然要被認為是無道心了。

如果修積的善根、福德、因緣深厚，對於禪理能透徹理解，深信不疑，知道利害，明瞭得失，也就能夠不失道心。

33 黃檗渡母

黃檗禪師出家後，認爲——「必須放棄恩情，達到無爲時，方才是眞正的報恩」，因此即使過了三十年禪者的生活，他也從來不曾回過俗家，探望親人。

但他內心深處，非常記掛年邁的母親。五十歲時，有一次在參訪的旅途中，不自覺

地就往故鄉的方向走去。

母親也思念出家的兒子，可是毫無音訊，每天從早到晚哀傷地哭泣著，把眼睛都哭失明了。因爲想念兒子，她還在路旁設個司茶亭，不但親自招待過往的遊僧，並且親自迎到家中，爲他們洗腳，以示禮敬。

另外，還有一個原因，那就是因爲黃檗禪師左腳上有顆大痣，她眼睛雖瞎了，但希望憑萬分之一的洗腳機遇，或可認出誰是他的愛子。

這一天，黃檗禪師也接受了母親的招待，他一邊讓母親洗腳，一邊向母親述說佛陀出家的故事，希望母親能因此得到信仰、安心。黃檗禪師只將右腳給母親洗，卻不把左腳給母親洗。

黃檗禪師接連二次返家，雖然覺得難捨難離，但還是忍痛起程雲遊行走，繼續參訪。鄰居們忍不住將這個事實告訴他的母親說：那個向你講釋迦出家故事的人，就是你經常盼望的兒子。母親聽後幾近瘋狂地說：「難怪聲音好像我兒。」說後就追上去，一直追到大河邊，不巧，這時黃檗禪師已經上船，而且船也開到對岸了，母親情急地跳到河裏，非常不幸地淹死了。

黃檗禪師站在對岸看到母親失足，落水溺死的情形，不禁悲從中來，慟哭著說道：

「一子出家，九族升天；若不升天，諸佛妄言。」

黃蘗禪師說後，即刻乘船返回，火葬母親，並做了一個偈子：「我母多年迷自心，如今華開菩提林；當來三會若相值，歸命大悲觀世音。」

人間哲理——報恩

孔子說：「父母在，不遠遊。」看上去很是孝順，其實這只是「小孝」。所謂孝順有三：一為小孝，甘脂奉養；二為中孝，光宗耀祖；三為大孝，渡其靈識超升。黃蘗禪師渡母是孝順中的大孝啊！

34 對自己慈悲

有一次，耽源禪師提著籃子前往方丈室去的時候，在路上，慧忠國師叫住他問：

「你盛那麼多的青梅子做什麼用啊？」

耽源禪師說：「供養諸佛菩薩用的。」

慧忠國師問：「那麼青的梅子，尚未成熟，吃的時候又酸又澀，怎能供養呢？」

耽源祥師回答：「所謂供養者，用以表示誠意耳。」

慧忠國師說：「諸佛菩薩是不可能會接受如此酸澀的誠意，我看，你還是供養你自己吧！」

耽源禪師問：「我現在就已在供養，心、佛、衆生三無差別，何必那麼計較？國師你呢？」

慧忠國師說：「我不這樣供養，我非常認眞計較，我要等梅子熟了才肯供養！」

耽源禪師問：「國師的梅子什麼時候才熟呢？」

慧忠國師說：「其實我的梅子早就熟了。」

耽源禪師問：「既然早就熟了，國師爲什麼不供養？」

慧忠國師說：「因爲我喜愛梅子，所以留著它，不隨便給人。」

耽源禪師說：「國師何必這麼吝嗇？好的東西，如果有慈悲心的人，不是都願意與人分享？」

慧忠國師反問：「我不知道什麼才是好東西？」

耽源禪師說：「就是青梅子。」

慧忠國師說：「如果好的東西是青梅子，更應該要好好珍惜它，不能隨便給人。」

耽源禪師說：「我說不過你，你太吝嗇了。」

慧忠國師說：「吝嗇的應該是你，可不是我呀！」

耽源禪師無言以對。

慧忠國師說：「青梅子還是留著自己用，不能隨便給人，那才是慈悲哦！」

耽源禪師聽了之後，大澈大悟。

人間哲理——慧忠國師開示

在這裏，梅子是象徵著佛性。梅子沒有熟，酸澀無比，但梅子一熟，又甜美無比。如果佛性在纏（煩惱），就如同青梅子，佛性離纏，那酸澀就是甜美；慧忠國師的意思是青梅子要好好珍惜，不要急於給人，對自己也要慈悲！

35 做個真實的人

從前有位老太婆，建了一座茅庵，供養一位和尚修行二十年，常令一名二八佳人送飯服侍。最後，她終於想試試這個和尚的修行功夫究竟怎樣了。

有一天，她叫那個女子抱住這個和尚，問現在修行得怎麼樣了。

女子奉教而行，和尚卻用詩偈答：「枯木倚寒岩，三冬無暖氣！」

女子回來後把情形回報後，老太婆聽了生氣地說：「想想看，我白白養了他二十年時光！他對你的需要理也不理，他對你的情況問也不問。他雖不必表示熱情，但至少也得表示同情！」於是把這和尚趕走，放了一把火，把茅庵燒了。

老太婆這把火燒得很痛快，把一茅庵的虛僞燒得乾乾淨淨，老太婆眞是性情中人啊，那和尚不過是個假和尚，他再修行幾個二十年恐怕也不會有什麼結果。

歸元禪寺的昌明法師最喜歡寫的條幅是「皆大歡喜」，他的境界是那假和尚無法比擬的。「皆大歡喜」讓我們感到親切、自然。

人間哲理——皆大歡喜

真實的人是很輕鬆自在的，戴著面具生活會讓人疲憊不堪。真實的人每一個毛孔都是張開的，每一個細胞都在自由地呼吸。理論是灰色的，生命之樹常青，真實的人內心湧動著綿綿不絕的生命活力。真實的人也是一個可愛的人。

36 學生打老師

有一年，臨濟禪師在夏安居（夏季的四月十五日至七月十五日，三個月中不得隨便外出，禁足修行）的半途，破禁而出，跑到黃檗山，去找老師黃檗希運禪師。

到了山上，看到黃檗禪師正在佛前誦經，他覺得很奇怪，便說：「以前我一直以爲老師是一個偉大的人物，但今天得見，原來老師也只不過是一個念經的和尚而已！」

黃檗禪師不辯解什麼，只留臨濟禪師住下來，可是臨濟認爲老師也像一般人以音聲

求佛，以身相求佛，很是不滿意，因此住了幾天，就又要告假下山。

黃檗禪師說：「你在安居的中途就來到這兒，已經是違犯禁戒了，現在夏安居時期還沒有結束，你又要離去？」

臨濟禪師說：「我來這裏的本意只是想向老師請安，做一個短期的參訪，現已做到，不求又何？」

黃檗禪師聽了之後，舉手便打，打完後，又把臨濟禪師驅趕出去。

臨濟禪師走了好幾里的路，心中覺得這樣匆忙的離去，確實不好。於是他又回到黃檗山，請老師繼續打他，但黃檗禪師立刻將雙手縮起來，就是不肯出掌。

有一天，結束夏安居，臨濟禪師要辭別時，黃檗禪師問：「你準備往哪裡去？」

臨濟禪師回答說：「不是河南，便是河北。」

黃檗禪師聽了之後，舉起手來就要打臨濟，臨濟禪師立刻用左手接著；並且以右手反打了老師黃檗一掌。黃檗禪師被打得哈哈大笑，隨即對臨濟說：「很好！很好！你有來處，也有去處，現在，河南你可以去，河北也可以去。」

人間哲理——東西南北

學生臨濟反打黃檗，黃檗卻哈哈大笑，意思是臨濟已了解他的心意，既然已經這樣，那麼東西南北都可以去了。

37 不輕視後生

有位信徒到寺院禮完佛後，便到客堂休息，才坐下來，就聽到一位年輕的知客師對身旁年老的無德禪師說：「老師！有信徒來了，請上茶！」

不到兩分鐘，又聽到那位年輕的知客師叫喊：「老師！佛桌上的香灰太多了，請把它擦拭乾淨！」「拜臺上的盆花，別忘了澆水呀！」「中午別忘了留信徒用飯。」

這位信徒只見無德禪師在知客師的指揮下，一會兒跑東，一會兒往西，實在看不過去，就問無德禪師說：「禪師！知客師和您是什麼關係呀？」

禪師非常得意地回答：「他是我的徒弟呀！」

信徒大惑不解地問：「這位年輕的知客師，既然是您的徒弟，爲什麼對您如此不禮貌？一會兒叫您做這，一會兒要您做那呢？」

禪師欣慰地說：「我有這樣能幹的徒弟，是我的福氣。信徒來時，只要我倒茶，並不要我講話；平時佛前上香換水都是他做，我只要擦一擦灰塵；他只叫我留信徒吃飯，並不叫我去煮飯燒茶，寺內上下一切都是他在計劃、安排。這給我很大安慰，否則，我就要很辛苦了！」

信徒聽了之後，仍不甚了解，只是滿臉疑惑地問道：「不知道你們是老的大？還是小的大呢？」

無德禪師說：「當然是老的大，但是小的有用呀！」

人間哲理——無德禪師的智慧

和尚要能老，老了就是寶。信徒供養僧眾，大都也是供老不供小，護持僧眾也是護老不護小，因為信徒心中，總以為老的大，幼的小，不容易懂得王子雖幼，將來可以統領國家；和尚雖小，將來弘法全靠他們。無德禪師的修行恐怕非一般禪師

所能達到。

38 老宿家風

法眼文益禪師上堂說法，給大家講了一個故事——

從前有一個老頭子和一個孩子生活在一起，但是作爲這個孩子的監護人，老頭子從來不教孩子禮儀和做人的道理，只是讓他自然成長。

有一天，一個四處雲遊的僧人，在老頭子家裏借宿，見孩子什麼也不懂，於是教了他許多禮儀。

這個孩子很聰明，很快就學會了。晚上，孩子見老者從外面回來。於是恭敬地走上前去問安。老者十分驚訝，盤問孩子道：「是誰教你的這些？」

孩子如實回答道：「今天來的那個和尚教我的。」

老者馬上找到那個和尚，責備道：「和尚你四處雲遊，修的是什麼心性啊？這孩子被我撿來養了二、三年，幸好保持了他一片天然可愛的本心，誰知道這會兒一下就被你

破壞了。拿起你的行李快出去吧，我家不歡迎你！」

當時已經是傍晚了，又淅淅瀝瀝地下著小雨，但是生氣的老者硬是把和尚趕走了。

人間哲理——孩子的本心

禪宗反對束縛人的天性。行腳僧之所以被老者斥逐，是因為他用後天的染習破壞了童子生命的本真，違背了本來現成的原則。在這個老禪師看來，世俗的禮節規矩是蒙蔽童心的，只會使孩子從小學得虛偽。

39 待客之道

從諗禪師是趙州一位有名的禪師。有一天，趙王專程去拜訪他，此時的他正在禪床上休息，聽到侍僧說有客人來訪的稟報，非但沒有起身，反而躺著對已走進禪房的趙王說道：「大王，我現在已經老邁，以至於無力下床接待你，請大王莫怪。」

趙王聽後，並未有半點責怪，反而更增加了對從諗禪師的尊重。

這次來訪後的幾天，趙王派一位將軍給禪師送來禮品。

令人意外的是，此次，從諗禪師一聽稟報，馬上下床到門外相迎。

這件事發生後，他座下的一些學僧頗爲不解，趙王的部下到來能下床到門外相迎，而趙王親自駕臨時卻臥床不起。他們便帶著這份疑惑去請示禪師。

從諗禪師聽了這些學僧的疑問之後，哈哈大笑一聲，轉而嚴肅地說：「你們有所不知，老衲的待客之道分爲上中下三等，在床上用本來面目接待上等人；下床到客堂裏用禮貌接待中等人；用世俗的應酬到門前去迎接下等人。」

人間哲理——趙州的天性

趙州從諗的「待客之道」完全與常人相反：對於貴賓，常人會到門口迎接，而他卻躺在床上迎接；對於世俗小人，常人會躺在床上不願理睬，而他卻要跑到門口去迎接。

趙州為什麼要這樣做呢？

正如上面那則「老宿家風」故事一樣，禪宗反對束縛人的天性。在趙州看來，世俗的禮節違背了人的天性。趙州這麼做，正是出於天性。

40 永遠不病的人

德山生病臨終時，有人問他：「是否有永遠不病的人？」

他回答說：「有。」

對方又問：「如何才是永遠不病的人。」

他叫著：「啊唷！啊唷！」

人間哲理——內在精神

俗話說得好，人是吃五穀雜糧的，哪個人可免於病痛？大概沒有人能明白，病人就是永遠不病的人。德山指的是那一個不被病魔侵襲的人的內在精神。

41 仰山搖樹

有一天，仰山正在採茶，潙山對他說：「我們採了一整天的茶，我只聽到你的聲音，卻沒有看到你的形體呢！」

仰山沒有回答，只是搖了搖樹。

於是潙山又說：「你只知道它的用，而沒有得到它的體。」

仰山不服氣地說：「那麼老師你要怎樣呢？」

潙山沒有回答，沉默了很久。

仰山又說：「老師，你是只得到它的體，而不知道它的用。」

潙山便說：「我要送你三十棒。」

仰山反駁說：「你的棒，給我吃；我的棒，要給誰吃？」

潙山又說：「再送你三十棒。」

人間哲理——仰山與溈山

仰山的搖樹顯然是用來表達內在的真我。內在的真我，是不可見的，也是無法表達的，但並未犯嚴重的錯誤。可是當他說溈山只知體而不知用時，卻犯了一個根本的錯誤，因為用是包含在體中，沒有無用之體。所以溈山要給仰山吃三十棒。

42 一塊田

有一天，溈山和仰山兩人走到田間，溈山對仰山說：「你看，這一塊田，這邊高，那邊低。」

仰山說：「錯了，是這邊低，那邊高。」

溈山又說：「你如不信的話，我們站在中間，往兩邊看看，到底哪邊高？」

仰山便說：「不要站在中間，也不要只看兩邊。」

溈山又說：「讓我們用水準來量，因爲沒有東西比水更平的了。」
仰山卻說：「水也沒有一定的體性，它在高處是平的，在低處也是平的了。」
溈山被仰山答得無話可說了。

人間哲理——差別之心

禪宗反對有分別之心，或許在常人看來，溈山說得對，無論是「站在中間向兩邊看」，還是「用水準來量」，都是「這邊高，那邊低」。但仰山為什麼非要說「這邊低，那邊高」呢？其實他分的意思並不是要分出個高低來，而是要說明萬物為空，既然空，又何來高低之說？

43 為什麼看得那麼嚴重

有一次，仰山度完暑假回來看望溈山，溈山問他：

「孩子，我已有一個暑假沒見你了，你在那邊究竟做了些什麼啊？」
仰山回答：「啊！我耕了一塊地，播下了一籃種子。」
潙山又說：「這樣看來，你這個暑假未曾閒散過去。」
仰山也問潙山：「這個暑假做了些什麼？」
潙山回答：「白天吃飯，晚上睡覺。」
仰山便說：「那麼，老師，你這個暑假也未曾白度過去呢！」
說了這話，仰山發覺自己這話有點譏諷的味道，因此便不自覺地伸出了舌頭。潙山看見仰山的窘態，就責備他說：「孩子，爲什麼你看得那麼嚴重呢？」

人間哲理——猶有俗氣

在禪師們的生活中，無時無刻不在修心。山下鋤地也好，不如說是在清除心靈的雜草，種上智慧的種子；「白天吃飯，晚上睡覺」也好，那不如說是在最簡單的生活中，品味生命本身的味道。一個人如果對於自己所說的那些合於禪理的話而感到失措，這正表示他猶有俗態。

44 不配做你的老師

洞山是浙江會稽人，俗姓俞。幼時便出家做和尚，他的老師教他念《般若心經》。當他讀到「無眼耳鼻舌身意處」時，便突然用手捫住了臉問：「我就有眼耳鼻舌等，爲什麼經中卻說沒有呢！」

那位老師對於他的問題，不禁大爲驚駭說：「我不配做你的老師。」

人間哲理——盡信書不如無書

「眼耳鼻舌身意」為佛家之「六根」，一個人若「六根清淨」，即斷絕了一切奢望欲念，便可以說是「無眼耳鼻舌身意處」。洞山還是個小孩，自然很難達此境界，於是他從常人眼光出發，懷疑經書有錯。雖然經書無錯，但他那種不願被任何人、任何書所蒙蔽的獨立精神，卻是難能可貴的，自然使得他的老師大為驚駭。

45 打耍的小丑

白雲守端禪師是楊岐的學生。

有一次，楊岐問白雲守端以前拜誰爲師。

守端說：「茶陵郁和尚。」

楊岐接著說：「我聽說郁和尚有一次過橋不慎滑倒，因而大悟，寫了一首詩偈，你記得這首偈子嗎？」

守端回答：「這首偈子是——『我有明珠一顆，久被塵勞關鎖；今朝塵盡光生，照破山河萬朵』。」

楊岐聽了之後，便笑著走了。

守端因爲老師這一舉動，整夜失眠。

第二天一早，守端便去問楊岐爲什麼聽了郁和尚的偈子要發笑。楊岐回答說：「昨天你有沒有看到那個打耍的小丑？」

守端說：「看到了。」

楊岐又說：「你在某一方面不如那個小丑？」

守端問：「老師指的是什麼？」

楊岐回答：「小丑喜歡別人笑，而你卻怕別人笑。」

守端因而大悟。

人間哲理——別怕別人笑

楊岐的笑，是因事之可笑而笑，其笑本身並無意義。可是守端過於認真，拼命去研究楊岐為什麼而笑，過於執著，徒生煩惱。所以，楊岐是要他放下執著心，便可立即獲得解脫。

46 桂花香

黃龍祖心禪師和詩人黃山谷相交甚密。

有一天，山谷問黃龍入道的祕密法門。

黃龍回答：「孔子不是曾說過『二三子以我爲隱乎？吾無隱乎爾』嗎？你對這些話有什麼想法？」

山谷正要回答。

黃龍插嘴說：「不是，不是。」

山谷莫名其妙。

又有一天，山谷陪黃龍遊山，看到遍地開滿了桂花，黃龍便問：「你聞到桂花香了嗎？」

山谷回答：「是的。」

黃龍說：「你看，我一點也沒有隱瞞你吧！」

山谷大悟，深深地做了一個揖說：「你眞是老婆子心切。」

黃龍笑著說：「我只是希望你回家罷了！」

人間哲理——回家之門

山谷要入道祕密法門，黃龍卻和他扯起孔子來，山谷竟認了真，黃龍當然要說

「不是，不是」了。其實根本就沒什麼「法門」，入道全靠自家體悟。下面那則故事中，黃龍希望山谷回的「家」就是最親切的自然。自然之門是洞開的，一切都現成地呈在眼前，道就在其中。所以黃龍暗示山谷捨高深而歸於平淡，回到那個他曾迷失了的「家」去。

47 心在何處

達觀禪師對李端願說：「諸佛祖從無中說有，在沒有意義的空虛人生裏找出了生命的意義，因此，世間一切事物都屬於煩惱繫縛，眼見的都是空花。想在現世的生命意義裏去尋求未來不死的靈魂，如同以手撈月。只有您眞正了卻自心，方可無惑。」

「心如何能夠了知呢？」

「無論善惡是非、得失成敗，您都別去想，別計較。」

「如果不想，心在哪裡？」

「每一件事都用心去慈悲喜捨，每一個人都用心去哀矜悲憫，一切只往寬恕的、向

上的、光明的、勘破的地方去，不往計較的、向下的、陰暗的、癡迷的地方去，你的心就和生命融合了。」

「那麼，人死了以後，心在何處？」

「不知生，如何知死？」

「我已經找到了自己的生命。」

「你的生命從何處得來？」

「這……」李端願搔搔頭，一臉的迷茫。

達觀禪師驀然伸手向李端願當胸一抓，大喝：「就在這裏！還往哪裡想？」

李端願一怔，立即領悟：「懂了！我懂了！」

人間哲理——活出瀟灑

在佛教看來，人生是虛無的、虛空的，生死全不在人的把握之中。人要做的，僅僅是憑心活著而已，讓自己的心灑脫地活著，便得了生命的真意義。

48 傳大士講經

南朝時，傳大士名動一時，終於驚動了梁武帝。梁武帝便要召見傳大士。出於好奇，也想試試他的功夫，梁武帝傳令鎖上所有的宮門。傳大士似乎早就意料到了，拿出事先預備的木槌，一道道牢固的宮門被他隨叩隨開，暢通無阻地走到了善言殿。他也不向梁武帝叩拜，徑直坐在了西域進貢的寶榻之上。

梁武帝問他師從何人？他說：「從無所從，師無所師，事無所事。」

兩個人的佛學造詣都很深厚，說佛理，妙語連珠；鬥禪鋒，機趣百出。最終相互把臂大笑，泯滅了所有的君臣界限。此後，傳大士經常出入皇宮。

有一次，梁武帝在皇宮親自講《般若經》。武帝到達法會時，所有的人都站立起來迎接，唯有傳大士端坐不動。內臣大爲不滿，說：「聖駕光臨，你爲何不站立起來？」他說：「大地如果一動，萬物都將不得安寧。」

梁武帝講經完畢，衆多王公大臣齊聲誦經，可是傳大士卻默然不語。問其緣故，他說：「語默動靜，都是佛事。」

下一次，輪到傅大士講經說法了。他說：「《金剛經》妙不可言，就講《金剛經》吧。」他高升法座，以尺拍案一下，便下了座。梁武帝心中一片茫然，滿臉的愕然，兩隻眼睛都瞪直了。一旁的志公和尚說：「陛下明白了嗎？」

他一言未發，讓人明白個什麼？梁武帝大搖其頭。志公說：「大士講經已畢。」

《金剛經》妙不可言，傅大士講《金剛經》更是妙不可言！

更妙的是，有一天，傅大士朝見梁武帝時，身穿衲衣（僧裝），頭戴頂帽（道冠），腳踏屨履（儒鞋）。梁武帝知道他又在以身說法，問道：「你是僧人嗎？」

傅大士以手指指頭上的道冠。梁武帝再問：「那你是道士了？」

他又用手指著腳下。梁武帝三問：「莫非你是俗人？」

傅大士拽拽自己身上的僧衲。

就是這樣，信手拈來，都是禪機。

人間哲理——三教合一

傅大士僧衣、道冠、儒鞋，絕對不是以奇裝異服而驚世駭俗，他這是以身設教——自己演出了一幕三教合一的活劇：之所以說禪宗誕生在中國，正是因為它以

49 寒山

浙江天臺山是佛教天臺宗的祖山。那年，一個自稱「豐幹」的禪師來到天臺宗聖地——國清寺，住在了藏經樓後面的小院。他出入寺院，總是騎著一頭咆哮如雷、迅疾若風的大老虎。因此，國清寺的僧人敬而遠之。然而，豐幹禪師的猛虎坐騎，見了寒山與拾得，比小貓還乖。

拾得是豐幹禪師從路邊拾的棄嬰。而寒山，不知他來自哪裡，連姓名也無人知曉，僅僅是因爲他住在天臺山最高峰的寒岩上，人們就稱他爲「寒山」。有道是——

登陟寒山道，寒山路不窮。
溪長石磊磊，澗闊草藩藩。
苔滑非關雨，松鳴不假風。
誰能超世累，共坐白雲中。

寒山一身非僧非道的襤褸衣衫，時常對著空中叫喊：「好快活、好快活！」僧人們嫌他麻煩，就用禪杖打他，他卻拍掌大笑。

一日，他和拾得一同問豐幹禪師：「古鏡不磨，如何照燭？」

他的意思是說，未曾修行時，佛性如何作用？

豐幹禪師回答：「冰壺無映像，猿猴探水月。」

寒山說：「此是不照燭也，請師父重新說一說。」

豐幹一笑：「萬德不將來，叫我說什麼？」

古鏡光潔，照天照地。寒山、拾得豁然大悟。

寒山看到一群僧人將茄子串起來燒著吃，就用茄子串向一位僧人的脊背打了一下。那僧自然回頭，寒山呈上茄子，也呈上了大好禪機：「這是什麼？」

那僧不識機鋒，以爲寒山在惡作劇，罵道：「你這個瘋子！」

寒山無可奈何地向旁邊的僧人說：「你看這傢伙浪費了我多少鹽醋。」是啊，他以茄子示現禪要，那僧懵懂，豈不是辜負了寒山一片心血。

名滿天下的趙州從諗禪師行腳來到天臺山，見到寒山、拾得之後說道：「久聞寒山、拾得大名，到來只見兩頭水牯牛。」

寒山、拾得聽了，果然拉開鬥牛的架式，嘴裏還發出吆喝水牛的聲音。

第二天，寒山與拾得問趙州來幹什麼？趙州說來禮拜五百尊者（羅漢）。二人說，五百水牛尊者。趙州追問：「本來是羅漢聖僧，爲什麼做五百頭水牛？」

寒山張口大叫：「蒼天，蒼天！」

人間哲理——寒山與趙州

禪者有一句名言：我不入地獄誰入地獄。禪師這樣做，並不是我們理解的勇敢、悲壯、高尚、自我犧牲。他們是覺悟者，解脫者，在地獄不覺其苦，處酷暑若沐清風。所以，為了破除人們對神聖的迷信，禪者往往以水牛自喻。從禪理上說，眾生即佛，故而，神聖的羅漢與畜生的水牛，並無本質差別。

50 乞丐禪

桃水禪師在住持禪林寺時，吸引了眾多的學僧。但是，這些僧人有的將禪當成了可以傳授的知識，不肯下苦功眞參實究，只是幻想著從師父言句上能心開得悟；還有一些人只是注重修行形式，認爲只有在寺院裏靜靜打坐，才算修禪，才能悟道。

不久，桃水禪師辭去了禪林寺的方丈，並且遣散了所有的僧人。爲了不讓學僧們找到自己，他與一群叫花子生活在一起。三年後，一位弟子好不容易在一座橋下發現了師父的行蹤，立刻磕頭如搗蒜，請桃水禪師傳給他禪的眞諦。

桃水禪師也不客氣，說他沒有資格得到自己的指導。弟子問，如何才具備資格呢？桃水說：禪，就在乞丐的生活中，只要你能在我身邊堅持三、五天，就能得到禪的受用了。弟子心想：莫說三、五天，就是三、五十天，我也能做到。

弟子也換上破爛服裝，與師父一同乞討。那天晚上，一個老年乞丐過世了，桃水與弟子連夜將他抬到野外埋葬了。回到橋下，桃水禪師躺下之後便進入了夢鄉，而他的那位弟子卻無論如何也睡不著了，心中總是想著那死去的乞丐。

天亮之後，桃水禪師說：「今天不用去乞食了，那個圓寂的同伴還剩下了一些食品。」桃水禪師拿起死乞丐留下的食品，居然吃得津津有味。

而弟子剛剛接過那骯髒的破碗，「哇」地一聲嘔吐起來。桃水禪師問他怎麼啦？他雙手合十，對桃水禪師說：「師父，您饒了我吧，我實在無法領會您的乞丐禪。」

後來，連別的乞丐也都走了。桃水禪師就在橋下搭了一個小茅棚，每天靠編製草鞋

維持生計。

一次，有位窮朋友到寺院裏燒香，見到那裏有結緣（免費奉送）的佛像，就順便給桃水禪師請回了一張。他對桃水說：「你是一個和尚，連個佛像都沒有，也太不像話了。你就好好膜拜吧，能保佑你上西天呢！」

桃水禪師道了謝，將佛像貼在了茅棚牆壁上，說道：「如來佛，你別生氣，不是老僧我不恭敬你。你是匆匆一過客，不妨在我這裏暫時借住一陣子。你別介意我的小屋破，我也不會因爲上西天的事兒麻煩你。」

人間哲理——來水禪師

天堂也好，淨土也罷，一切唯心造。在禪師眼裏，真佛無處不在，禪的真諦無處不有，因為，一切都在他們的心裏。

51 禪月清輝

禪月貫休大師，俗姓姜，字德隱，浙江婺州蘭溪人。他生不逢時，出生在戰亂頻繁的唐朝末年的一個破落士大夫家庭。

父母無力養活他，更無法培養他，年僅七歲，就將他送到寺院，出家做了小沙彌。許是宿具善根，聰慧的貫休不幾日便將一部洋洋十萬言的《法華經》背了下來。禪宗祖師們從無門戶主見，啓蒙學僧的功課，總以儒家的經典詩文爲主。所以，年僅十五、六歲的貫休，便以詩名聞於江南。

一年初夏，他雲遊來到大隨禪師的禪院。但見山色空明，泉水淙淙；池塘裏，數朵白蓮風中搖曳；絕壁上更有一座佛塔高聳雲霄。於是，他欣然命筆，在禪堂雪白的牆壁上寫道——

赤旃檀塔六七級，白菡萏花三四枝，
禪客相逢只彈指，此心能有幾人知？

貫休退後兩步，欣賞著自己的大作。忽然，身後一聲喝問：「如何是此心？」是大隨禪師。貫休的詩句中雖然充滿了禪的意境，但是，那僅僅是想像推理，是文字上的解悟。所以，大隨當頭一喝，眞正以禪的凜然機鋒與之相接之時，他通體大汗淋漓，卻無言以對。由此，他知道了，禪，不是文字遊戲，不是智巧機辯！他一改文人騷客的浮躁，眞正沉下心來，深入參究禪之心要。

寒冬時節，他又來到蘇州橫山楞伽寺，參謁道曠禪師。他來到方丈，合十行禮之後直截了當問道：「如何是楞伽月？」

據佛經記載，楞伽山是佛陀宣講《楞伽經》的場所。

此山係由種種寶物所成，諸寶間錯，光明赫炎，猶如百千萬個太陽共同照耀金山。此山，乃是古昔賢聖得道成佛之處。

當初，達摩西來，傳授給二祖慧可印心的，就是四卷《楞伽經》。所以，禪宗當初又稱楞迦宗。貫休巧借道曠禪師的寺院名稱，以「如何是楞伽月」來探問禪的妙旨。

「非日月。」道曠禪師回答說。

貫休一愣：我是借事問禪，他怎麼將錯就錯，答非所問？然而，正是這樣的回答，將他原來的思路驀然截斷了，使他在那一瞬間處在了空靈的狀態。正當他前念已斷，後念將生未生之際，道曠禪師手中的拂塵砰然落下，狠狠敲打在他的頭上！

「咚——」一聲霹靂之後，貫休的身心與整個虛空都一起粉碎了，那顆曾經瘋狂奔走馳求的心靈，猛然找到了家鄉。

人間哲理——當頭棒喝

禪的開悟，無須語言。貫休一直未悟，因為他一直執著於語言，後來道曠禪師的當頭一棒，把他的那顆執著心終於趕跑了。開悟後的貫休，禪心猶如靈明的圓月，隨時隨地散射皎潔的清輝。他不僅詩寫得更加飄逸、深邃，而且下筆如有神，書畫俱佳。他的草書，直逼張旭、懷素，被稱為「姜體」（他的俗姓）；他的繪畫，大膽誇張，生動鮮活，流傳至今的十六羅漢圖，被日本視為國之重寶。縱觀貫休一生，詩書琴畫，無所不精，成就卓然，堪稱一代藝術大師。

52 「我慢」

唐朝大將郭子儀是中國歷史上智勇雙全的著名將領，安史之亂時，他擊敗史思明，打垮安祿山的叛軍主力，保住了李氏江山。然而，這位權傾朝野的大將軍，也是一位虔誠的佛教徒，對於禪僧，更是禮敬有加。他的大軍之所以能橫掃天下如捲席，是因爲有充足的糧草供應。而那購買糧草的軍費，有很大一部分是六祖慧能的弟子——神會禪師從佛門弟子手裏籌集來的。所以，儘管戰後郭大將軍是一人之下、萬人之上的中書令（相當於宰相），但他時常到寺院進香禮佛，聆聽佛法。

一天，他又一次到寺廟參謁住持禪師時，他恭恭敬敬地請教道：「師父，我在閱讀佛經時，經常看到經文中有『我慢』一詞。請問，這如何解釋呢？」

住持禪師大喝一聲，說道：「你這個呆頭呆腦的傢伙在胡說什麼？」

郭子儀一愣：禪師怎麼啦？突然之間換了這樣一副「傲慢無禮」的面孔。

一時間，所有的人都驚呆了，要知道，郭子儀是當朝相國，連皇帝都要對他禮敬三分。郭子儀心中一股憤怒之氣升騰起來，臉色陰沉。正當他要拂袖而去之時，禪師卻恢

復了慈祥的面容，微笑著說道：「郭大人，這就是『我慢』呀！」

人間哲理——這就是「我慢」

禪不喜歡用語言文字，更不願意用它去解釋什麼概念。正如禪在生活中去體驗一樣，對於概念也是一樣。所以，住持禪師現身說法，給郭子儀當頭棒喝，讓他體悟到了什麼是「我慢」。

53 現身說法

盤圭禪師的影響越來越大，有許多其他宗派的信徒，聽了他的禪法，都改修禪宗了。於是某法師便來到了盤圭的道場，準備向他問難，讓他當眾出醜。那天，來聽法的信眾人山人海，場面宏大、莊嚴。盤圭端坐在高高的法座上娓娓道來，將深奧的禪理詮釋得美妙生動，而且明明白白。

前來問難的法師坐在下面，越是看到人們頻頻頷首，心裏越不是滋味。他忍不住站立起來，大聲說道：「盤圭，你們禪宗號稱見性成佛，人們尊重佛陀，所以才不得不敬佩你的。然而，像我這樣一個有頭腦的人，知道你是在曲解佛意，就不會上你的當。你當場試試看，能讓我乖乖聽你的話、佩服你嗎？」

盤圭不動聲色地說：「你到我面前來，我試給你看。」

法師果然分開眾人，毫不膽怯地走到了盤圭面前。盤圭微笑著示意他站到左邊來。他就向左橫跨幾步，昂然而立。盤圭開口說：「噢，不對，不對。你站到我右邊來，這樣更合適一些。」「對了，你還是靠左邊好了。」

法師心想：不管左邊、右邊，反正我不怕你！

於是，他就從右邊又移到了左邊。

盤圭噗哧一聲笑了：「你看，我讓你過來，你馬上就來，叫你向左，你就不再向右了，你已經很聽我的話了呀！而且，您是一個言而有信的謙謙君子，那就請坐下來，聽我講禪吧！」

法師一下愣住了。原來，自己在不知不覺裏已經輸給了盤圭禪師！

人間哲理——以靜制動的禪心

盤圭禪師以靜制動，誘敵深入，讓對手輸得心服口服。這就告訴我們爭強好勝總有一天會失敗，而不爭也就永遠不會失敗。

54 是邪是正

仲興禪師在道吾禪師處任侍者時，有一次端茶給道吾禪師，道吾禪師指著茶杯說：「是邪？是正？」

仲興禪師走近道吾禪師的跟前面對著他，一句話不說，道吾禪師說：「邪則總邪，正則總正。」

仲興禪師搖搖頭，表示意見說：「我不認爲是這樣。」

道吾禪師追問：「那你的看法是什麼呢？」

這時，仲興禪師就把道吾禪師手中的杯子搶到手裏，大聲反問：「是邪？是正？」

道吾禪師撫掌大笑，說：「你不愧爲我的侍者啊！」

仲興禪師於是向道吾禪師禮拜。

人間哲理——何必自尋煩惱

是邪？是正？

不知道，不可說，邪也是正，正也是邪。這世界本來沒什麼邪和正，我們何必要自尋煩惱，非要分出個正邪呢？

55「殿裏的」

有位從南方來的僧人問趙州：「什麼是佛？」

趙州答：「殿裏的。」

「殿裏的不是泥塑的嗎？」

「是。」

「那眞正的佛呢？」

趙州又答：「殿裏的。」

人間哲理——真佛在何處？

做一個僧人就要像馬祖一樣「日面佛，月面佛」，在泥佛中悟真佛，在平常事中悟大道。來僧不肯「日面佛，月面佛」，趙州便指點他「殿裏的」、「殿裏的」，要他當下契入，但這並不意味著趙州把泥佛與真佛等同起來。在一次弘法中，他對眾人說：「金佛不度爐，木佛不度火，泥佛不度水，真佛內裏坐。菩提，涅槃，真如佛性，都是貼身衣服，這些都可以稱做煩惱。」來僧的病處正在於把「真佛」作為一個抽象的存在來追求，因此「真佛」便成為煩惱。

56 頸上的鐵枷

雲門經睦州的介紹，去參拜雪峰。

當他到了雪峰山下的村莊時，遇到了一個和尚，他向那和尚問說：「請問你是否上山去？」

對方回答：「是。」

於是他便說：「請你爲我帶幾句話給雪峰，不過你不要說出是別人告訴你的。」

對方同意了，他便說：「你到了廟內，等大家集合，方丈步入法堂時，你便出來拍掌，直站在他面前說：『可憐的老傢伙，爲什麼不把頸上所帶的鐵枷拿掉』。」

那個和尚一一依照雲門的指示去做。雪峰知道不是那個和尚自己的話，便跑過去抓住那和尚叫道：「快說！說！」

那和尚不知要說什麼，雪峰便把他推開說：「這些話不是你所說的。」

起先他還是不肯承認，等到雪峰叫侍者拿繩子、棒子來時，嚇得他只好坦白說：「那些不是我的話，而是村莊中一個從浙江來的和尚，要我說的。」

於是雪峰便對大家說：「你們都一齊到村莊上去迎接那個可以作爲你們五百人導師的和尚回來。」

第二天，雲門到了廟裏，雪峰一看到他便說：「你來這裏爲了什麼？」

雲門低頭不語，從這一刻起，他們兩心互相契合。雲門在雪峰處住了好幾年，從而承受了禪的心印。

人間哲理——心印

頸上的鐵枷也是心靈上的鐵枷，而這「鐵枷」正是人的種種功名心、持戒心、執著心，只有把這些統統拿掉，方可得到完全的自由。

57 只管睡去吧

滴水禪師死前三天，他的門人峨山隨侍床側。滴水禪師早就選定峨山作爲他的衣缽繼承人了。

當時剛有一座廟宇焚毀不久，而峨山正忙著予以重建。因此滴水問他：「廟重建好後你要做什麼呢？」

「等你病好了請你去說法。」峨山答道。

「假如我活不到那一天呢？」

「我們可請別人。」峨山答道。

「假如你找不到人呢？」滴山盯著問道。

峨山大聲答道：「不要問這些無謂的問題了。只管睡去吧！」

人間哲理——順其自然

假如峨山找不到人，難道把這新建的廟宇毀了不成？滴水真有點杞人憂天了。

一切順其自然就可以了，種下梧桐樹，自有鳳凰來。

58 南泉斬貓

有一天，一群和尚為了一隻貓爭論不休。南泉禪師見到了，就抓起貓脖子高高地提起說：「各位，你們其中有誰能為貓兒說句話，我就不殺這隻貓，不能的話，我立刻斬了牠。來！說一句？」

和尚們默然以對。

於是，南泉將貓殺了。

到了晚上，弟子趙州（從諗）自外歸來，南泉禪師便將白天發生的事一五一十地告訴他。趙州聽罷，一言不發地把草鞋脫下來戴在頭上，徑直走出了房門。

南泉禪師看了便說：「當時你要是在場的話，貓兒也不會被殺了……」

人間哲理——顛倒看人生

我們知道佛禪是不殺生的，但南泉為什麼要斬貓呢？其實南泉的本意是想救貓兒，真正讓貓兒被殺的，正是那些非難南泉和尚的人。南泉是要一個能一刀斬斷塵世的真禪者。趙州把鞋放在頭上走出去是提醒那些和尚們，在真實的禪境中，塵世的一切是非價值都必須顛倒過來看：所有存在的實體皆是一個「空」，也就是「一即一切，一切即一」的道理。

59 公開的擁抱

在日本，有一位女禪師，名字叫慧春。

慧春很年輕時就出家了。因爲當時日本還沒有專門給尼師修行的庵堂，她只好和二十名和尚一起，在一位禪師座下習禪。

慧春有很美的容貌，即便剃去了頭髮，穿上素色的法衣，卻反而使她的姿容更加顯得清麗脫俗。因此與她一起學禪的和尚，有好幾位偷偷地暗戀著她，其中一位還寫了情書給她，要求一次私下約會。慧春收到情書之後，不動聲色。

第二天，禪師上堂說法，說完之後，慧春站起來對著寫信給她的和尚說：「如果你眞的像信裏寫的那樣愛我，現在就來擁抱我吧！」

說完後，當場就有幾位和尚滿頭大汗地開悟了。

人間哲理——眞愛的話……

對於禪者，每一個心念、每一個生活動作，都可以攤開在陽光下檢視。它表達了一種當下承擔的精神。禪的生活，不是依靠想像力的生活，而是公開明朗地面對此時此刻的生活。慧春所說的「公開的擁抱」，也就是「光明磊落的生活態度」。有了這種態度，即使破戒也是值得的。

60 倒立而逝

隱峰禪師晚年居住在五臺山，有一天他登上高峰，預感這是最後一次攀登。此後沒幾天他在金剛窟召集僧衆徒向他們說：

「各方禪師圓寂時，有坐著的，有躺著的，這我都見過，有沒有站著去世的呢？」

其中一位弟子回答：「也有。」

隱峰說：「有沒有倒立著去世的呢？」

僧眾異口同聲地回答：「沒見過。」

隱峰默言。一會兒他起身整理衣衫，隨即兩手撐地倒立了起來，然後，緩緩地閉上了雙目，衣服緊貼軀體，紋絲不動。過了好長一段時間，眾僧徒見他一動不動，上前細看，這才發現他已經示滅了。

眾僧徒商量後便爲他料理後事，但遺體屹然倒立，推不倒也拔不起，就像生根似的。而那些遠遠跑來的僧俗，也無不驚奇感歎。

隱峰有個胞妹也在五台出家，聞訊趕來，見狀便走近倒立而逝的兄長前，手撫遺體口中言道：「兄長生不循佛門戒律，滅後還要這般的熒惑眾人。」

言畢，用手一推，倒立的遺體訇然合仆於地。

人間哲理——不執一物

隱峰別出心裁地來個倒立而逝，表明他未曾執著或站或立之類的相，其心性空寂，蕩然不存在大也小也、正也側也的概念，甚至「不循佛門戒律」。佛性原來不存在概念、戒律，哪還有什麼順倒之分呢？

附錄・佛經智慧格言

◉人之所以痛苦，在於追求錯誤的東西。

◉與其說是別人讓你痛苦，不如說是自己的修養不夠。

◉如果你不給自己煩惱，別人也永遠不可能給你煩惱。煩惱乃是因爲你自己的內心放不下。

◉好好地管教你自己，不要管別人。

◉不寬恕衆生，不原諒衆生，是苦了你自己。

◉別說別人可憐，自己更可憐，自己修行又如何？自己又懂得人生多少？

◉學佛是對自己的良心交代，不是做給別人看的。

◉福報不夠的人，就會常常聽到是非；福報夠的人，從來就沒聽到過是非。

◉修行是點滴的工夫。

◉在順境中修行，永遠不能成佛。

◉你永遠要感謝給你逆境的眾生。

◉你隨時要認命，因爲你是人。

◉你永遠要寬恕眾生，不論他有多壞，甚至他傷害過你，你一定要放下，才能得到眞正的快樂。

◉當你快樂時，你要想，這快樂不是永恆的。當你痛苦時，你要想，這痛苦也不是永恆的。

◉認識自己，降伏自己，改變自己。

◉今日的執著，會造成明日的後悔。

◉你可以擁有愛，但不要執著，因爲分離是必然的。

◉不要浪費你的生命，在你一定會後悔的地方上。

◉你什麼時候放下，什麼時候就沒有煩惱。

◉內心沒有分別心，就是眞正的苦行。

◉學佛第一個觀念，永遠不去看眾生的過錯。你看眾生的過錯，你永遠污染你自己，你根本不可能修行。

◉你每天若看見眾生的過失和是非，你就要趕快去懺悔，這就是修行。

◉業障深重的人，一天到晚都在看別人的過失與缺點；眞正修行的人，從不會去

看別人的過失與缺點。

◉當你知道迷惑時，並不可憐，當你不知道迷惑時，才是最可憐的。

◉狂妄的人有救，自卑的人沒有救。

◉你不要一直不滿人家，你應該一直檢討自己才對。不滿人家，是苦了你自己。

◉一切惡法，本是虛妄的，你不要太自卑。一切善法，也是虛妄的，你也不要太狂妄。

◉當你未學佛的時候，你看什麼都不順。當你學佛以後，你要看什麼都很順。

◉你要包容那些意見跟你不同的人，這樣日子比較好過。你要是一直想改變他，那樣子你會很痛苦。要學學怎樣忍受他才是，你要學學怎樣包容他才是。

◉承認自己的偉大，就是認同自己的愚癡。

◉修行就是修正自己錯誤的觀念。

◉醫生難醫命終之人，佛陀難渡無緣的眾生。

◉一個人如果不能打從內心去原諒別人，那他就永遠不會心安理得。

◉心中裝滿著自己的看法與想法的人，永遠聽不見別人的心聲。

◉毀滅人只要一句話，培植一個人卻要千句話，請你多口下留情。

◉當你勸告別人時，若不顧及別人的自尊心，那麼再好的言語都是沒有用的。

◎不要在你的智慧中夾雜著傲慢。不要使你的謙虛心缺乏智慧。

◎根本不必回頭去看咒罵你的人是誰？如果有一條瘋狗咬你一口，難道你也要趴下去反咬牠一口嗎？

◎忌妒別人，不會給自己增加任何的好處。忌妒別人，別人也不可能因此而減少一絲光彩。

◎永遠不要浪費你的一分一秒，去想任何你不喜歡的人。

◎多少人要離開這個世間時，都會說出同一句話——這世界眞是無奈與淒涼啊！

◎戀愛不是慈善事業，不能隨便施捨的。感情是沒有公式，沒有原則，沒有道理可循的。可是人們至死都還在執著與追求。

◎請你用慈悲心和溫和的態度，把你的不滿與委屈說出來，別人就容易接受。

◎創造機會的人是勇者。等待機會的人是愚者。

◎能說不能行，不是眞智慧。

◎多用心去傾聽別人怎麼說，不要急著表達你自己的看法。

◎同樣的瓶子，你爲什麼要裝毒藥呢？同樣的心理，你爲什麼要充滿著煩惱呢？

◎得不到的東西，我們會一直以爲他是美好的，那是因爲你對他了解太少，沒有時間與他相處在一起。當有一天，你深入了解後，你會發現原來這些東西，並

不是你想像中的那麼美好。

◉這個世間只有圓滑，沒有圓滿的。

◉修行要有耐性，要能甘於澹泊，樂於寂寞。

◉活著一天，就是有福氣，就該珍惜。當我在哭泣沒有鞋子穿的時候，我發現有人卻連腳都沒有。

◉多一分心力去注意別人，就少一分心力反省自己，你懂嗎？

◉眼睛不要老是睜得那麼大，我且問你：百年以後，有哪一樣是你的？

◉欲知世上刀兵劫，但聽屠門夜半聲。不要光埋怨自己多病，災禍橫生，多看看橫死在你刀下的衆生又有多少？

◉憎恨別人對自己是一種很大的損失。

◉每一個人都擁有生命，但並非每個人都懂得生命，乃至於珍惜生命。不了解生命的人，生命對他來說，是一種懲罰。

◉自以爲擁有財富的人，其實是被財富所擁有。

◉情執是苦惱的緣由，放下情執，你才能得到自在。

◉隨緣不是得過且過，因循苟且，而是盡人事聽天命。

◉不要太肯定自己的看法，這樣子比較少後悔。

◉當你對自己誠實的時候，世界上再沒有人能夠欺騙得了你。

◉用傷害別人的手段來掩飾自己缺點的人，是可恥的。

◉世間的人要對法律負責任。修行的人要對因果負責任。

◉在你貧窮的時候，那你就用身體去佈施，譬如說掃地、灑水、搬東西等，這也是一種佈施。

◉內心充滿嫉妒，心中不坦白，言語不正的人，不能算是一位五官端正的人。

◉默默的關懷與祝福別人，那是一種無形的佈施。

◉與人相處之道，在於無限的容忍。

◉不要刻意去猜測他人的想法，如果你沒有足夠的智慧與經驗去做正確的判斷，通常都會有錯誤的。

◉要了解一個人，只需要看他的出發點與目的地是否相同，就可以知道他是否眞心的。

◉人生的眞理，只是藏在平淡無味之中。

◉不洗澡的人，硬擦香水是不會香的。名聲與尊貴，是來自於眞才實學的。有德自然香。

◉與其去排斥已成的事實，不如去接受它，這個叫做認命。

◉佛菩薩只保佑那些肯幫助自己的人。

◉逆境是成長必經的過程，能勇於接受逆境的人，生命就會日漸茁壯。

◉能爲別人設想的人，永遠不寂寞。

◉如果你能像看別人缺點一樣，如此準確般地發現自己的缺點，那麼你的生命將會不平凡。

◉原諒別人，就是給自己心中留下空間，以便迴旋。

◉時間總會過去的，讓時間流走你的煩惱吧！

◉你硬要把單純的事情看得很嚴重，那樣子你會很痛苦。

◉永遠扭曲別人善意的人，無藥可救。

◉人不是壞的，只是習氣罷了，每個人都有習氣，只是深淺不同罷了！只要他有向道的心，能原諒的就原諒他，不要把他看作是壞人。

◉說一句謊話，要編造十句謊話來彌補，何苦呢？

◉其實愛美的人，只是與自己談戀愛罷了！

◉世界上沒有一個永遠不被譭謗的人，也沒有一個永遠被讚歎的人。當你話多的時候，別人要批評你，當你話少的時候，別人要批評你，當你沉默的時候，別人還是要批評你。在這個世界上，沒有一個不被批評的。

◉誇獎我們，讚歎我們的，這都不是名師。會講我們，指示我們的，這才是善知識，有了他們我們才會進步。

◉你目前所擁有的，都將隨著你的死亡而成爲他人的，那爲何不現在就佈施給眞正需要的人呢？

◉爲了讚美而去修行，有如被踐踏的香花美草。

◉白白的過一天，無所事事，就像犯了竊盜罪一樣。

◉能夠把自己壓得低低的，那才是眞正的尊貴。

◉廣結衆緣，就是不要去傷害任何一個人。

◉沉默是譭謗最好的答覆。

◉對人恭敬，就是對自己莊嚴。

◉擁有一顆無私的愛心，便擁有了一切。

◉仇恨永遠不能化解仇恨，只有慈悲才能化解仇恨，這是永恆的至理。

◉你認命比抱怨還要好，對於不可改變的事實，你除了認命以外，沒有更好的辦法了。

◉不要因爲衆生的愚癡，而帶來了自己的煩惱。不要因爲衆生的無知，而痛苦了你自己。

◉別人講我們不好，不用生氣、難過。說我們好，也不用高興，這不好中有好，好中有壞，就看你會不會用？

◉如果你自己明明對，別人硬說你不對，你也要向人懺悔，修行就是修這些。你什麼事都能忍下來，才會進步。就是明明是你對，你也要向他人求懺悔，那就是修行了。

◉不要常常覺得自己很不幸，世界上比我們痛苦的人還有很多。

◉愚癡的人，一直想要別人了解他。有智慧的人，卻努力了解自己。

◉別人永遠對，我永遠錯，這樣子比較沒煩惱。

◉來是偶然的，走是必然的。所以你必須，隨緣不變，不變隨緣。

〈全書終〉

國家圖書館出版品預行編目資料

斷捨離人生的智慧／林郁主編 – 初版– 新北市：
新潮社文化事業有限公司，2023.01
冊；　公分
ISBN 978-986-316-852-2
1. CST：人生哲學　2. CST：生活指導

192.1　　111017371

斷捨離 人生的智慧

主　　編　林郁
原　　著　吳光遠、葉舟
企　　劃　天蠍座文創製作
出　　版　新潮社文化事業有限公司
電話 02-8666-5711
傳真 02-8666-5833
E-mail：service@xcsbook.com.tw

印前作業　東豪印刷事業有限公司
印刷作業　福霖印刷有限公司

總 經 銷　創智文化有限公司
新北市土城區忠承路 89 號 6F（永寧科技園區）
電話 02-2268-3489
傳真 02-2269-6560

初　　版　2023 年 01 月